Manuela Unger

Alten Weisheits-Methoden auf der Spur

Ein Praxisbuch für neue persönliche Dimensionen

AF720762

Manuela Unger

Alten Weisheits-Methoden auf der Spur

Ein Praxisbuch für neue persönliche Dimensionen

Rediroma-Verlag

Bibliografische Information der Deutschen Nationalbibliothek:
Die Deutsche Nationalbibliothek verzeichnet diese Publikation in der Deutschen Nationalbibliografie; detaillierte bibliografische Daten sind im Internet über http://portal.dnb.de abrufbar.

ISBN 978-3-98527-416-1

Copyright (2021) Rediroma-Verlag

Umschlagillustration: Baturina Yuliya (shutterstock.com)

Alle Rechte beim Autor

www.rediroma-verlag.de
9,95 Euro (D)

Inhaltsverzeichnis

Vorwort

„Diese Tage suchen die Menschen Wissen, nicht Weisheit. Wissen gehört der Vergangenheit an, Weisheit der Zukunft“. Häuptling der Lumbee (1)

Wenn mir vor 10 Jahren jemand gesagt hätte, ich würde ein Buch schreiben und das auch noch mit dem Titel „Alten Weisheits-Methoden auf der Spur – ein Praxisbuch für neue persönliche Dimensionen“ – so hätte ich es nicht geglaubt. Nicht, weil ich nicht schreiben kann. Vielmehr, weil damals meine Welt geprägt war von sportlicher Leistung: Bergsteigen, Klettern, Trekkingtouren, Joggen, Tanzen. Darüber definierte ich mich und über diese Tätigkeiten kam ich wieder in mein Gleichgewicht. Schon seit Kindesbeinen an bewege ich mich gerne „draußen“ in der Natur. Als gäbe es da eine zusätzliche heilsame Wirkung. Allerdings war es immer ein „zusätzlich“, die sportliche Aktivität war vorrangig. Erst als ich eines Tages in einer satten Beziehungskrise landete, stoppte ich abrupt dieses Leben. Ich entschied mich, einen ungewöhnlichen, aber zu mir passenden Lösungsweg anzusteuern: Ich meldete mich für eine Visions-Suche an – natürlich in den Bergen. Vier Tage nur mit nötigster Ausrüstung, fastend, allein in der Wildnis inklusive einer je viertägigen Vorbereitungs- und Nachbereitungszeit in einer Gruppe stieg ich intensiv in meine persönlichen Prozesse ein. Damals wusste ich noch nicht, dass ich intuitiv mit diesem Schritt eine katalysierende Wende in mein Leben holte.

Die Erkenntnisse aus der Visions-Suche bereicherten nicht nur mein Wissen über mich selbst und boten mir neue Ansätze für meine Krise. Ich berührte durch die Teilnahme an diesem alten Übergangsritual eine viel größere Welt: Die Welt der Naturwesen, eine tiefe Rückverbindung zu der Natur „da draußen“, eine schamanische Dimension.

Erfüllt von all meinen Erfahrungen beschloss ich einen weiteren Schritt: Ich meldete mich für eine Ausbildung zur Visions-Suche-Leiterin an. Über 100 Ausbildungstage in zwei einviertel Jahren katapultierten mich förmlich in einen neuen Kosmos des naturtherapeutischen Arbeitens. Was mich dabei faszinierte und es auch heute noch tut, ist der Austausch und die Kooperation mit der natürlichen Welt.

Jahrtausende lebten die Menschen als Jäger und Sammler, tief verbunden mit den natürlichen Prozessen und einem großen Erfahrungsschatz, die „Weisheit der Natur“ in das persönliche Leben und das Leben der Gemeinschaft zu integrieren. Industrialisierung und technologischer Fortschritt haben den Menschen wunderbare fortschrittliche Erkenntnisse und einen hohen zivilisatorischen Lebensstandard ermöglicht. Die Verbundenheit zu natürlichem Wissen und Weisheit rückte dabei jedoch durch sehr sezierende und analytische Denkweisen in den Hintergrund oder wurde vergessen. Indigene Kulturen haben über Jahrhunderte diese Weisheit vor einer weiteren Vernichtung durch unsere kolonialisierende Einstellung verborgen und geheim gehalten. Seit einigen Jahren wird sie bewusst für industrialisierte Gesellschaften geöffnet und ermöglicht nun eine Rück-Besinnung.

So lernte ich in der Ausbildung zur Visions-Suche-Leiterin verschiedenste alte und weise Methoden kennen. Sie unterstützen meine eigene persönliche Entwicklung und Lebenseinstellung auf nachhaltige Weise. Inzwischen biete ich selbst Visions-Suchen und naturtherapeutische Seminare an. Immer wieder ist es faszinierend, wie Menschen dadurch Initialzündungen für ihren persönlichen Lebensweg erhalten. Einige der Methoden sind seit tausenden von Jahren erprobt. Nicht nur in der indianischen Welt, sondern rund um den Globus in verschiedensten Kulturen. Auch Jesus und andere Religionsführer gingen für viele Tage fastend in die Wildnis und erhielten neue Botschaften. Und weil die Methoden immer noch aktuell sind und in unserer modernen Zeit positive Wirkungen zeigen, ist mir dieses Buch ein besonderes Anliegen: So vielen Menschen wie möglich die einfachen und verblüffend wirksamen Möglichkeiten zur Persönlichkeits-Entwicklung und Rückverbindung mit unserer natürlichen Mitwelt zu beschreiben. Und wäre es verwunderlich, wenn beides zusammenhinge, da der Mensch selbst auch pure Natur und somit „Wildnis“ ist und sich damit innere als auch äußere Wildnis berührten? Meine Intention ist es, in diesem Sinne initiativ zu sein und mit der Beschreibung von uraltem Weisheitswissen neue Perspektiven anzuregen, Impulse zu geben, Potenziale zu öffnen und andere Zugänge für Entwicklung aufzuzeigen - für die Möglichkeit persönlicher Entfaltung einerseits und für ein wertschätzendes Leben verbunden mit der Natur und dem „spirit of nature“ andererseits.

Das Buch soll also beitragen, an uralten Methoden anzudocken und gleichzeitig im „westlichen“ Verständnismodus zu bleiben: Medizinwanderung, Medizinrad-Wissen und dessen Anwendung, Council-Kommunikation, schamanische Bewusstseinsreisen und die Visions-Suche sind für mich Kernmethoden und sollen praxisorientiert dargestellt werden.

Deshalb möchte ich nun herzlich die Leser einladen, sich mit mir auf eine Entdeckungsreise zu begeben. Was im Einzelnen passieren könnte, wenn Sie sich darauf einlassen würden (alleine oder vielleicht auch zuerst in professionell begleitetem Rahmen)? Vielleicht eine neue Präsenz und Aufmerksamkeit für das Jetzt und die innere-äußere Wildnis? Vielleicht eine neue Wertschätzung der Mitwelt und den natürlichen Lebenszyklen gegenüber? Vielleicht ein erweitertes Lebenskonzept, das die Lust und Begeisterung am Leben spüren, intensiv erleben und den wirklichen wilden Weg der eigenen Seele entdecken und initiieren lässt?

…Wenn du etwas Neues in deinem Leben verwirklichen willst - etwas, was du noch nie zuvor hattest - wirst du wohl Dinge tun müssen, die du noch nie zuvor getan hast…

Ein Hinweis ist mir abschließend wichtig: Die Weisheits-Methoden wurden von mir vor allem beschrieben, damit sie in größerer Dimension bekannt werden und das Interesse hierfür geweckt wird. Der Leser möge nach jedem Kapitel in sich hinein hören, welche Methode er für sich selbst erproben möchte und wo er hierfür professionelle Einführung und Begleitung benötigt. Literaturhinweise und Adressen für Seminare und Trainings finden sich am Ende des Buches. Von allen dargestellten Weisheits-Methoden muss vor allem die Visions-Suche in einem professionellen Setting mit ausgebildeten Visions-Suche-Leitern durchgeführt werden. Auch für die schamanische Bewusstseinsreise ist zu empfehlen, sich noch ausführlicher über Literatur oder Workshops zu informieren und dann mit der Selbsterfahrung zu starten. Dieses Buch gibt erste Impulse und will neugierig machen auf die Existenz der Methoden. Generell gilt zu berücksichtigen: Wer die Weisheits-Methoden praktiziert, tut es in eigener Verantwortung. Das vorliegende Buch ist sorgfältig erarbeitet worden. Dennoch erfolgen alle Angaben ohne Gewähr. Weder Verlag noch Autorin können für eventuelle Schäden, die aus den im Buch gegebenen praktischen Hinweisen resultieren, Haftung übernehmen. Grundsätzlich ist eine gesunde physische und psychische Konstitution immer Voraussetzung. Im Zweifelsfall wird angeraten, sich über professionell angebotene Schnupperkurse oder Trainings an die Methoden heranzutasten.

Auch möchte ich ausdrücklich darauf hinweisen, dass ich lediglich zugunsten einer vereinfachten Lesbarkeit die gewohnte männliche grammatische Form beibehielt.

Einleitung

Während ich die einzelnen Kapitel über die fünf alten Weisheits-Methoden der Medizinwanderung, der Medizinradarbeit, des Councils, der schamanischen Bewusstseinsreise und der Visions-Suche verfasste, leuchteten immer wieder sechs Gemeinsamkeiten in jeder Methode auf. Sechs rote Fäden vernetzen diese Wissensschätze. Sie hakten sich in mein Denken ein und legten mir vehement nahe, sie doch in der Einleitung zu erläutern. Ich habe sie also ernst genommen, betrachtet und meine: es lohnt sich wirklich, vorab einen Blick darauf zu werfen. Mikrokosmos und Makrokosmos wirken im Bewusstsein auf beide Perspektiven bereichernd. Wer ein einzelnes Schneekristall betrachtet, staunt über das filigrane Kunstwerk der Natur. Ein winterlicher Berghang ist millionenfach mit den winzigen Schnee-Einheiten bedeckt und ergibt ein neues, anderes und doch mit dem kleinen Kristall eng verbundenes Bild. So kann auch ein Überblick bezüglich der Gemeinsamkeiten der Weisheits-Methoden beitragen, sie tiefer zu verstehen.

Gemeinsamkeit eins: Grundlage schamanische Weltsicht

Schamanismus gilt als das älteste bekannte Heilsystem unserer Erde. Seit zehntausenden von Jahren existiert dieser spirituelle Heilweg auf allen Kontinenten und wird von indigenen Völkern praktiziert. Die Menschen beobachteten die Natur und zogen daraus ihre Schlüsse. Schamanismus ist daher kein Glaubenssystem. Er hat überlebt, weil er sich nicht nur für einzelne Menschen, sondern für ganze Gemeinschaften als hilfreich erwiesen hat. Da in der Natur alles zyklisch verläuft, wurde und wird auch das menschliche Leben eingebettet in einen größeren Kreislauf gesehen: Geburt, Kindheit, Jugend, Erwachsensein, Alter, Tod und Wiedergeburt. In der schamanischen Weltsicht ist alles, was existiert, beseelt: Mineralien, Pflanzen, Tiere, Elemente, die Erde, das Universum und natürlich der Mensch. Somit ist auch alles mit allem verbunden, trägt eine Schöpferkraft in sich. Weil in allen Daseinsformen Leben vorhanden ist, gebührt ihnen Respekt und Achtsamkeit. Die Weisheits-Methoden setzen hier an. Wer die Verbindung aller Wesen untereinander und die Bedeutung des Zyklischen anerkennt, wird die Wirkung der Methoden leichter erfassen – auch wenn die rationale Wissenschaftswelt dafür noch keine klaren Beweise liefert.

Gemeinsamkeit zwei: Ritualisiertes Vorgehen

Alle fünf Methoden sind in einen ritualisierten Ablauf eingebunden. Was ist der Sinn eines Rituals? Ein Ritual hat eine klare Struktur. Immer sind Beginn und Ende deutlich markiert. Der Einzelne oder die Gruppe legt für die Zeit des Rituals eine klare Absicht fest. So entsteht ein besonderer ritueller Erlebnisraum. Die Absicht lenkt die Aufmerksamkeit auf das vorab festgelegte Thema. Energie folgt immer der Aufmerksamkeit. Der klar abgesteckte Rahmen des Rituals gibt Schutz und Halt für neue persönliche Erfahrungen. Wie bei einer Geburt der Geburtskanal des weiblichen Beckens die Energie der austreibenden Wehen lenkt, um das Baby in eine neue Welt zu katapultieren, lenkt der Rahmen des Rituals die Energie, um zum beabsichtigten Thema neue Erfahrungen machen zu können. Wer sich in ein Ritual begibt, steigt in einen ganzheitlichen Raum ein, der meist außerhalb der Ratio liegt. Da können sich Räume in neuer Dimension öffnen: Alte Erinnerungen tauchen auf, neue Qualitäten kündigen sich an, kreative Lösungswege außerhalb des Intellekts dringen an die Oberfläche, neue Schritte können erprobt werden. Aus der Tiefe erhält der Mensch dann manchmal Zugang zu seiner ureigensten Wesenheit und deren Ausdruck. In den einzelnen Kapiteln wird der besondere ritualisierte Ablauf je Methode erklärt.

Gemeinsamkeit drei: Magie neuer Räume
Fernab heutiger wissenschaftlicher Erklärungen öffnen sich durch alle Weisheits-Methoden neue magische Räume. So will ich diese bezeichnen. Sie sind zugleich Bühne als auch Akteure für neue persönliche Erfahrungen. Das klingt und ist magisch und zugleich ganzheitlich wirkungsvoll. In der Visions-Suche und der Medizinwanderung wirkt der Spiegel der Natur. In der Medizinradarbeit drängt sich die Annahme auf, dass der Mensch während des Settings das Wissen größerer Energiefelder anzapft. Das Council entfaltet die Magie und Weisheit, zusammen im Kreise zu sitzen und sich von Herzen zuzuhören. Die schamanischen Bewusstseinsreisen führen in die Nichtalltägliche Wirklichkeit und holen Zugänge zu Intuition, innerer Weisheit und Heilkraft in das Leben der Reisenden. Hier werden neue Dimensionen betreten. Wer nur mit dem Verstand präsent sein will, wird sehr wahrscheinlich überrascht werden.

Gemeinsamkeit vier: Existenz über viele Jahrtausende
Die Weisheits-Methoden bewegen sich auf den Pfaden unserer Ur-Ahnen. Tausende vor uns haben diese beschritten, angewandt, tauglich verändert. Indigene Völker nutzen sie seit Urzeiten. Wären die Methoden nur traditionelle Zierde, die Menschheit hätte sie schon längst über Bord geworfen. Aber sie haben bis heute überlebt, sind immer noch präsent und werden es immer mehr - auch in unserer sogenannten „westlichen" Welt.

Gemeinsamkeit fünf: Transformation in „westliche" Verständnismodi
Und gerade das war und ist die Aufgabe all derer, welche die Weisheits-Methoden anbieten: Sie in eine Form zu fassen, die modernen Menschen möglich ist. Inzwischen gab es Pioniere und Wegbereiter, welche methodisch aktiv waren, den Kernpunkt der Methoden beließen und die Zugänge in westliche Verständnismodi transformierten. Das Interesse der „Westler" ist zunehmend zu spüren, auch „neualte" Zugänge für persönliche Entfaltung zu beschreiten.

Gemeinsamkeit sechs: Andocken an Seelenwegen
Einen gemeinsamen roten Faden aller aufgeführten Methoden will ich unterstreichen: Alle Weisheits-Methoden sind Wege, sich dem zu öffnen, was als „Weitung des Seelenweges" beschrieben werden könnte. Wenn die eigene Seele leise oder laut zur Veränderung im Leben drängt, sich noch mehr dem zuzuwenden, was jeder Mensch im tiefsten Wesen wirklich ist und in sich trägt – diesen Ruf zu erforschen und ihm zu folgen, dazu sind die Methoden aus dem Buch wegweisend. Und das bedeutet, Neuorientierungen vorzu-

nehmen, um zu erkennen, WER ICH NOCH BIN außerhalb meines bisherigen Selbstbildes. Es könnte darum gehen, an etwas Größerem anzudocken und neue Dimensionen in das JETZT des Lebens zu lassen.

Die Medizinwanderung: Heilsame Perspektiven aus der Natur holen

Warum gehen wir gewöhnlich hinaus in die Berge, an die Seen und in die Wälder? Um unsere Freizeit sportlich zu verbringen, die Ruhe zu genießen, manchmal auch, um Pilze oder Heilkräuter zu sammeln. Wenn wir Revue passieren lassen, welche Momente in unserem Leben zu den glücklichsten zählen, sind es oft Natur-Erinnerungen: Wunderbare Sonnenuntergänge am Strand, Gipfel-Highlights nach einer ausgedehnten Wander-Tour oder der Grillabend am Flussufer. Natur hat folglich Bedeutung in unserem Leben, kein Wunder, schließlich stellt sie ja auch unsere Lebensgrundlage dar.

Medizinwanderung: Das kleine Format der Visions-Suche

Wie wäre es nun aber, wenn wir eine Wanderung in die Natur unternähmen, um uns gezielt eine neue Botschaft zu einer persönlichen Situation oder Problematik – eine heilsame Medizin eben - zu holen? Eine Botschaft, die wir durch umwälzende intellektuelle Überlegungen nicht so schnell erhielten? Eine Information, die uns neue Perspektiven und damit Denkanstöße ermöglichte? Indigene Völker kennen ähnliche Vorgehensweisen schon seit Urzeiten. Fastend, allein, oft auch für längere Zeit ziehen sie sich in die Natur zurück, um neue persönliche Erkenntnisse oder auch Hinweise für eine gesunde Entwicklung ihres Stammes zu bekommen. Visions-Suche nennen wir „Westler" dieses große Ritual des Naturfastens. Ein kleines Format daraus ist die Medizinwanderung. Für eine Visions-Suche ist professionelle Begleitung unbedingt zu empfehlen – die Medizinwanderung kann unter Berücksichtigung einiger Vorgehens- und Sicherheitsregeln selbst durchgeführt werden. Der mögliche Gewinn für einen Medizinwanderungs-Einsteiger: Eine erstaunliche, spannende Zeit outdoor inklusive gesunder Gesichtsfarbe, neuen persönlichen Erkenntnissen und der wieder zu entdeckenden Abenteuerlust, die natürliche Umgebung auch einmal weglos zu erforschen.

Beispiel-Sequenzen von Wanderungen

Eine Frau, die mehrere schwere Bauchoperationen hinter sich hat, möchte die psychischen Begleitumstände der Situationen von damals tiefer erforschen. Vielleicht wird sie, so lautet ihre Hoffnung, weitere körperliche Akutzustände vermeiden, wenn sie auch den Mechanismus eines psychischen Auslösers besser verstehen kann. Ihre Absicht formulierte sie folgendermaßen: Was gefährdete auf psychischer Ebene meinen Gesundheitszustand? Mitten in einem Waldgebiet, weitab eines Weges, findet sie verwundert eine alte Schubkarre. Sie ist gefüllt mit stinkender Blätter-Regen-Jauche. Die Frau betrachtet den Schubkarren sehr lange. Plötzlich blitzt in ihr auf: Das ist mein schlechtes Gewissen! Sie erinnert sich, dass sie vor diesen Operationen jeweils Konflikte wegen ihrer erwünschten Lebensweise und der konservativen ihrer Familie hatte. Das schlechte Gewissen, gegen die Familientradition zu verstoßen, spürte sie jedes Mal vor ihrem gesundheitlichen Zusammenbruch sehr ausgeprägt. Als ihr der Zusammenhang klar wird, packt sie die Schubkarre, wirft sie um und schüttet das Dreckwasser aus. Sie prägt sich das Bild der umge-

kehrten Schubkarre ein und verspricht sich selbst, nicht mehr soviel fremde Jauche in ihr Leben zu lassen und alle Schuldgefühle frühzeitig zu klären und „auszuschütten".

Eine junge Erwachsene steht vor einer beruflichen Entscheidung. In ihrer Absicht fragt sie nach möglichen Problemen, wenn sie den neuen Job annehmen sollte. Es ist Frühling, doch auf ihrem Weg durch den schattigen Wald liegt immer noch dick Eis und Schnee. Als sie entlang wandert, spürt sie Unterschiede: Auf dem Eis gehen und neben dem Weg auf dem schneefreien umgeknickten Gras gehen. Der direkte Bodenkontakt fehlt auf dem Eis. Sie denkt in diesem Moment: Der neue Job ist sehr weit von meinen wirklichen beruflichen Idealen entfernt. Es ist so, als würde eine Schicht Eis zwischen dem Job und meinen Idealvorstellungen liegen – da wäre ich unzufrieden...

Eine Jugendliche will einen Hinweis, ob es für sie immer noch wichtig ist, nach dem Abitur ein Jahr in das Ausland zu gehen. Sie ist zu diesem Zeitpunkt unschlüssig. Sie schlüpft auf ihrer Wanderung in ein Dickicht. Dort findet sie einen Kreis aus Fichten. Sie setzt sich in die Mitte des Platzes und empfindet dies als ein Nest. Dann verlässt sie den Platz an einem anderen Ausgang, der sie durch unbequem zu begehendes Gelände führt. Im Gespräch nach der Wanderung wird ihr klar, wie wichtig es ist, nun das Nest der Eltern auf einem neuen unbekannten, wenn auch unbequemen Weg zu verlassen. Sie fühlte dabei in sich große Abenteuerlust.

Eine Frau will für ihre Visions-Suche die vorab notwendige Medizinwanderung durchführen. Einen ganzen Tag von Sonnenaufgang bis Sonnenuntergang, so lautet die Anweisung, soll sie unterwegs sein. Als Schwelle benennt sie ihre Autotüre. Sie steigt aus und im gleichen Augenblick sieht sie einen abgestorbenen Baum. „Verletzte Weiblichkeit" kommt ihr in den Sinn, ohne dass sie dabei absichtlich über ein Thema nachgedacht hätte. Während ihrer Wanderung folgt sie ihren Impulsen. So verlässt sie bald den Waldweg und biegt in ein wunderschönes Birkenwäldchen ab. Sie setzt sich auf das einladende Moospolster und bemerkt eine Schar von Meisen, die fröhlich umherflattern und miteinander „vögeln". Etwas später kommt sie an einen See. In der Mitte sieht sie eine Schwanenmutter, die gerade fürsorglich ihr Küken füttert. Das Schilf-Dickicht zwischen ihrem Weg und dem See ist jedoch so dicht, dass sie nicht an das Ufer kommt. Entnervt sitzt sie hinter dem „Schilfwall" und vernimmt aus der Ferne Kinderstimmen, die ausgelassen am gegenüber liegenden Strand baden. Das ist wie im „echten" Leben, ich habe durch medizinische ärztliche Fehlgriffe keine Kinder gebären können und komme auch nicht in den Lebensmodus einer eigenen Familie, gesteht sie sich innerlich ein. Sie wird durch das Getrennt-Sein vom eigentlichen Leben unglaublich traurig. Zu diesem Gefühl hat sie normal keinen Kontakt. Gegen Abend legt sie sich unter eine riesige Eiche und will sich ausruhen. Da landet ein Raubvogel über ihr und wirft eine Eichel auf ihren Bauch. An der Stelle, an welcher ihr Frauenschmerz verborgen ist, landet die Kraft eines Samens, der einen ganzen Baum entstehen lässt – als würde ihr die Natur Hoffnung geben wollen, ihre Fruchtbarkeit in anderen Dimensionen zu leben. Den Sonnenuntergang beobachtet sie an einer alten Scheune sitzend. Als sie aufsteht, entdeckt sie, dass ihr Rastplatz ein altes ausgedientes bäuerliches Ackergerät war. Das Ackern muss endlich aufhören, denkt sie als Perspektive für ihre Zukunft.

Vor mehreren Jahren nahm ich selbst an einem Seminar zur Medizinradarbeit teil. Ich erhielt den Auftrag, eine Medizinwanderung zum Thema: Was will ich als erwachsene Frau beruflich für die Gemeinschaft tun? zu unternehmen. Das Seminar fand in Istrien statt. Ich wanderte entlang von Olivenhainen und blickte unter mir auf das unendlich weite dunkelblaue Meer. Plötzlich stoppte ich mein sorgloses Dahinspazieren. Inmitten dieser mediterraneen Landschaft stand ein uralter VW-Bus. Vor kurzem hatte ich den Kinofilm „Into the Wild" gesehen. Auch dort war ein alter Bus ähnlich meinem eben gesichteten Exemplar die Unterkunft für einen Abenteurer in der Wildnis Alaskas. Sofort prägte sich mir der Filmtitel ein und ich wusste, dass dies der Name für meine zukünftige Homepage mit Seminarangeboten war – obwohl ich noch gar keine Angebote zusammengestellt hatte. Auf dem Heimweg raschelte es etwa fünf Meter im dichten Macchia-Gebüsch unterhalb der asphaltierten Straße. Zwei lange schwarze Schlangen schnellten eng umschlungen in die Höhe, als würden sie einen Vermählungstanz zelebrieren. Mindestens eine halbe Stunde beobachtete ich das faszinierende Spiel. Es war Power pur und ich hatte das Gefühl, als wäre ich an diesen Kraftakt angeschlossen. Viel später erfuhr ich von einem sehr weisen schamanischen Mann, dass meine Medizinkraft eine Schlange sei und es zu meinen Aufgaben gehörte, anderen Menschen eine Lehrerin für Energie und Kraft zu sein... Zwei Jahre nach dem Seminar gestaltete ich meine Homepage und es war für mich sofort klar, wie ich sie nennen würde.

Natur-Spiegel als Seelenspiegel

Auch wenn es ungewöhnlich klingt: Das Konzept der Medizinwanderung geht von der Annahme aus, dass ab dem Moment des Schwelle-Übertretens alle Erlebnisse „da draußen" die wandernde Person zu ihrer geäußerten Absicht informieren. Dem wiederum liegt die schamanische Sichtweise zu Grunde, dass alles mit allem verbunden ist. Sich in dieser Art und Weise in der Natur zu bewegen, verbindet also mit der „Geistigkeit" des natürlichen Lebens und öffnet für Erkenntnisse, die mir normalerweise verschlossen bleiben. Die beseelte Natur mit ihren Wesen kann in Resonanz mit meiner eigenen inneren Natur gehen. Sie spiegelt mit ihrer Landschaft, den Tieren und Pflanzenerlebnissen meine Seelenlandschaft. Wissenschaftlich ist das – noch – nicht erwiesen. Doch die jahrtausende alte Erfahrung zeigt immer wieder, dass unglaubliche „Geschichten“ passend zum formulierten Thema passieren und neue Perspektiven aufscheinen. Wäre die Methode nur Humbug, wäre sie schon längst vergessen.

Wer sich öfter mit der Methode der Medizinwanderung hinaus in die Natur begibt und bewusst die Wesen befragt, wird die „Sprache da draußen“ immer besser verstehen und die angebotene Medizin zu nutzen lernen. Wie funktioniert nun die Methode im Einzelnen?

Bewusst die Absicht formulieren
Schon vor der Medizinwanderung ist es wichtig, sich die Absicht klar zu machen. Was will ich wirklich und ernsthaft von den Naturwesen da draußen wissen bezüglich meines Lebens? Es ist wie bei jedem Ritual: Ohne formulierte Absicht erhalte ich auch keine Antwort. Durch die Absicht wird die Energie zu meiner Frage erst gebündelt und fokussiert. Energie fließt immer da, wo die Aufmerksamkeit ist. …

Eine weitere Person sollte informiert sein, wo und wie lange man ca. unterwegs ist. Falls wirklich einmal eine Notsituation auftreten würde, könnte diese Person kontaktiert werden und ggf. eine Rettung einleiten. Die Ausrüstung (siehe Kasten) muss der Witterung und der Medizinwanderungsdauer angepasst sein. Idealerweise wird gefastet und nur Wasser getrunken. Medizinwanderungen können von Sonnenaufgang bis Sonnenuntergang, ebenso aber auch als kurze Einheit von z.B. einer Stunde unternommen werden. Wichtig ist dabei, dass die Dauer schon vorab etwa festgelegt ist – als Sicherheitsschranke.

Die Schwelle überschreiten

Die ganze Wanderung hat einen ritualisierten Charakter. Es gibt einen deutlichen Beginn, den Hauptteil und ein Ende. Beginn und Ende werden jeweils durch eine Schwelle markiert. Das kann ein Stock am Boden sein, über den man steigt oder auch die Haustüre, die beim Start der Wanderung geöffnet wird. Schwelle bedeutet: Jetzt geht's los, hinaus aus meiner Alltagswelt und hinein in die Welt der Naturwesen. Hiermit betrete ich den rituellen Raum. Ich spreche nochmals laut meine Absicht, rufe vielleicht auch bewusst die Unterstützung aller Wesen da draußen und dann gehe ich los. Beim Zurückkehren muss nicht die gleiche Schwelle genommen werden. Wichtig ist, bewusst eine Schwelle als Ende der Wanderung zu markieren und zu übertreten. Während der Zeit des Wanderns ist man für andere Menschen sozusagen unsichtbar. Man bewegt sich als Wesen unter den Naturwesen und geht in Kontakt mit allem, was anzieht, lockt, interessant erscheint. Erfahrungen können gemacht werden über alle Sinne, dem Hinhören, Hinschnuppern, Tasten oder Sehen. Alles, was sich jetzt ereignet, gehört zur Geschichte des Schwellenganges.

Drei Tabus stärken die Wahrnehmung

Während der Wanderung – wie auch bei den Visions-Suchen - sind drei Tabus hilfreich: Alleinsein, fasten und kein Dach über dem Kopf. Sie sind eine Unterstützung, den Ablenkungen des Alltags zu entkommen und ganz in die

Natur und die persönliche Absicht einzutauchen. Der Wanderungsmodus ist nicht mit einer Berg- oder Trekkingtour zu vergleichen. Es geht nicht darum, von A nach B zu kommen, sondern sich vielmehr intuitiv von Platz zu Platz treiben zu lassen. Auch abseits der Wege mag die Spur führen, der man folgt. Oft zieht irgendetwas die Aufmerksamkeit an, ein Baum vielleicht, eine Wurzel oder eine Blume. Es ist dann wichtig, dem nachzugeben und diese Wesen zu kontaktieren, zu erforschen, mit allen Sinnen hinzufühlen, zu hören, sehen, riechen. Oder ein besonderer Platz im Wald „ruft" und lädt ein, zu pausieren. Manchmal gibt es überraschende Tier- und Pflanzenbegegnungen.

Wichtig ist es, vor dem Losgehen die Absicht zu formulieren, diese dann aber einfach ohne weitere Fixierung darauf „gehen zu lassen" und damit unseren dominierenden Verstand auszuschalten und so wenig wie möglich während des Gehens zu bewerten. Präsent und wach die Umgebung zu erforschen und der intuitiven Stimme als persönlichem GPS-Gerät zu folgen lautet die Fortbewegungs-Devise. Nicht ganz außer Acht lassen sollte man allerdings die Uhrzeit und die Groborientierung, damit die Medizinwanderung nicht zum Survival-Abenteuer mit anschließender Rettungsaktion ausartet. Nicht immer findet eine Medizinwanderung in ausgelassener Wohlfühl-Atmosphäre statt. Unterschiedlichste Stimmungen und Gefühle können auftauchen, die im Alltagsleben verborgen bleiben. Die Naturspiegelung bringt ans Licht, was unter der Oberfläche wahr ist. Die Erfahrungen aus der Wanderung sind dabei so verschieden, wie die Fragestellungen der Menschen selbst.

Nach dem Heimkommen ist zu empfehlen, die Erfahrungen aus der Schwellenzeit erst einmal aufzuschreiben und hinein zu spüren, welche Momente der Wanderung besonders berührend, anstrengend, bedeutungsvoll waren. Dann lohnt es sich, die Absicht nochmals bewusst auszusprechen und das Erlebte in Verbindung zu stellen. Gibt es neue Perspektiven?

Spiegeln des Erlebten

Wer die Möglichkeit hat, sollte die Medizinwanderung unbedingt einer vertrauten Person erzählen. Wieder ist es wohltuend, das in ein Ritual einzubetten und zum Beispiel den Beginn mit dem Entzünden einer Kerze zu markieren und diese am Ende auszupusten. Dann wird die Geschichte erzählt. Sinnvoller Weise verrät der Medizinwanderer seine Absicht zu Beginn des Erzählens. Die Wiedergabe der Geschichte muss nicht chronologisch sein, sondern nach dem Motto: „Was mich vom Herzen her berührt hat und mir noch als bewegend und wichtig in Erinnerung ist, werde ich erzählen…." Die Anweisung lautet: Bleib beim Wesentlichen und es darf auch spontan aus der Tiefe Unzusammenhängendes wiedergegeben werden. Die zuhörende Person ist aufgerufen, wirklich auch von Herzen zuzuhören, ohne zu unterbrechen. Danach spiegelt die zuhörende Person jene Teile der Geschichte, die sie berührten. Das kann auch eine während des Erzählens erlebte Körperreaktion sein, eine tiefe Emotion oder eine Rückmeldung zum Erzählstil. Wichtig ist es, nicht zu bewerten, sondern mit Respekt das, was den Zuhörenden innerlich bewegt hat, mit eigenen Worten nochmals wiederzugeben. Es ist keine Analyse oder Interpretation der Geschichte. Vielmehr kann sich durch die Art des Erzählens und auch des Spiegelns die „Medizin“ der Geschichte entfalten. Nicht nur der Erzähler wird beschenkt, oft ist auch eine Perle für den Spiegelnden dabei. Durch die ganzheitliche Erfahrung während der Wanderung und des Erzählens kann sich das Instrumentarium der Medizinwanderung nachhaltig und heilend im Leben auswirken.

Kurzanleitung Medizinwanderung

- Persönliche Absicht festlegen
- Ort und Zeitrahmen vor dem Losgehen einer vertrauten Person mitteilen
- Sicherheitsausrüstung (siehe Kasten) entsprechend Dauer und Gelände der Wanderung mitführen
- Schwelle z.B. Stock am Boden etc. als bewussten Auftakt zur Wanderung übertreten
- Medizinwanderungs-Modus befolgen (= sich intuitiv von Platz zu Platz ziehen lassen. Neugierig sein und die Umgebung erforschen. Bewusstsein, sich im Reich der Naturwesen zu bewegen. Kontakte mit Tieren, Pflanzen und Mineralien zulassen. Grundannahme: Alles, was ich in dieser Auszeit erlebe, informiert mich zu meiner geäußerten Absicht. Die Natur-Landschaft und die Begegnungen mit Naturwesen spiegeln meine Seelen-Landschaft wieder).
- Eine weitere Schwelle (ggf. auch eine andere als zu Beginn) zum Ende der Wanderung bewusst überschreiten und so das Ende der Wanderung markieren.
- Erlebte Geschichte aufschreiben und dann mit der ursprünglichen persönlichen Absicht vergleichen – Assoziationen?

- Einer vertrauten Person die Geschichte erzählen und diese bitten, das für sie Berührende der Geschichte zu spiegeln.

Ausrüstung Medizinwanderung
(Vorschlag für eine Mittelgebirgs-Wanderung – andere Gegenden erfordern eine Ausrüstungs-Anpassung):

<u>Grundsätzlich:</u> Vorab den Wetterbericht checken und die Ausrüstung danach ausrichten

- Tagesrucksack
- Wander-Schuhe mit Profilsohle

<u>Immer mit dabei:</u>

- Warme Bekleidung
- Wechselwäsche
- Regenschutz (Schirm oder Regenjacke und Regenhose
- warmer Anorak je nach Witterung)
- Regenhut / Kappe
- Mütze, Handschuhe
- Sonnenschutz (Kappe, Creme, Brille)
- Trinkflasche
- Erste Hilfe Päckchen
- Taschenlampe
- Trillerpfeife
- Schreibsachen
- Handy
- Uhr
- Traubenzucker

Das Medizinrad: Persönlichen Rat aus dem Rad durch die zyklische Kraft der Himmelsrichtungen

„Das Medizinrad ist ein magischer Kreis, der die ganze Welt in sich einschließt. Während Du ihn umwanderst, wirst Du in ihm und außerhalb auf unzählige Wunder stoßen." Sun Bear & Wabun (2)

Den Wundern des Medizinrades sind die kommenden Zeilen gewidmet. Mir ist bewusst, wie unerreichbar weitreichend das Medizinradwissen indigener Völker ist. Meine bisherige Ahnung davon stellt nur die Spitze eines gewaltigen Eisberges dar. Und trotzdem ist allein schon die Wirkung dieser „Spitze" so heilsam und wunderbar, dass ich mich an das Thema mit großem Respekt heranwage.

Wer sich mit altem Wissen indigener Völker beschäftigt, wird unweigerlich auf die Medizinradarbeit stoßen. Sie ist in allen indigenen Kulturen der Welt seit vielen Jahrtausenden zu finden und hat auch heute noch Bedeutung. In verschiedensten Medizinrad-Seminaren habe ich die aufschlussreiche Weltsicht als auch die heilende Wirkung der Weisheitsräder erfahren können. Daher ist es mir ein großes Anliegen, in diesem Kapitel am Beispiel eines ausgewählten Medizinrades Hintergrundwissen zu vermitteln und Praxisübungen zu beschreiben, die mir persönlich in alltäglichen Angelegenheiten und auch in wichtigen Lebensfragen neue Perspektiven aufzeigen halfen.

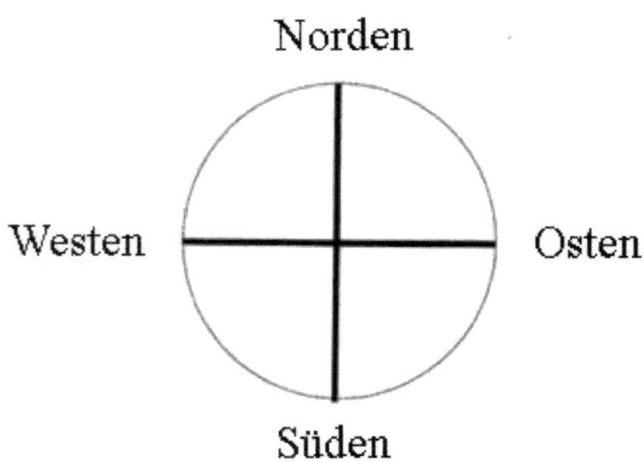

Was ist ein Medizinrad?
Die grundlegende Antwort lautet: Ein Kreis, der ein in vier symmetrische Achsen eingezeichnetes Kreuz umgibt und somit vier gleich große Quadranten bildet. Die vier Berührungspunkte des Kreuzes auf der Kreislinie sind die vier Himmelsrichtungen: Osten, Süden, Westen, Norden. Durch die Mitte des Kreises verläuft eine weitere gedachte – nicht aufgezeichnete - Achse im rechten Winkel zur Kreisfläche: Nach unten hin zur Erde, nach oben hin zum Himmel – sodass das gesamte Medizinrad als Kugel erscheint. Und alle sechs Richtungen zusammen bilden einen Raum.

Dieses besondere Zeichen ist über den ganzen Globus hinweg zu entdecken: In Wüsten oder Höhlen, in Felsen eingeritzt oder aufgemalt, tausende von Jahre alt. Die 1991 in den Ötztaler Bergen aufgefundene mumifizierte Gletscher-Leiche eines 5300 Jahre alten Mannes zeigt die Tätowierung eines gleichschenkligen Kreuzes. Indianische Leute gaben seit Jahrtausenden das Medizinradwissen von Generation zu Generation und oftmals unter Lebensgefahr geheim weiter, um es vor der Zerstörung durch koloniale und christliche Einflüsse zu schützen. Erst seit einigen Jahren wird das geheime Wissen der sogenannten zivilisierten Welt zur Verfügung gestellt. Allein in Nordamerika soll es über 450 verschiedene Arten von Medizinrädern geben. Die Prärieindianer des amerikanischen Südwestens nannten dieses Zeichen Medizinkreis oder Medizinrad: Wer im Einklang des Medizinkreises lebt, sich daran orientiert, erhält eine Medizin für das eigene Leben und die Gemeinschaft. Doch auch in der europäischen Kultur wurde eine Form von Medizinrad verwendet, welche im Zeichen der

Industrialisierung gänzlich verschwand und nun unter dem Namen Keltisches Rad, Weisheitsrad, Rad des Lebens oder transkulturelles Rad wieder auftaucht. Alte Weisheits-Methoden unserer Vorfahren aus vergangenen Zeiten finden wieder Beachtung: Anthropologen, Psychologen, Erlebnispädagogen, Visionssucheleiter und Naturtherapeuten interessieren sich vermehrt für das archaische Wissen und dessen sinnvolle Transformation in unsere Zeit.

Das transkulturelle Wissen bildete sich in einer Zeit, als die Menschen über Jahrtausende hinweg direkt mit der Natur lebten und mit ihr verbunden waren. Aus den Beobachtungen und Erfahrungen formte sich die Einsicht, dass alle natürlichen Prozesse eine immer wiederkehrende zyklische Struktur durchlaufen. Das Grundschema gilt für biologische Wachstumsprozesse ebenso wie für seelische und spirituelle.

Wie nutzten unsere Vorfahren das System des Medizinrades?

Die Himmelsrichtungen sind auf der ganzen Welt bekannt. Es ist vorstellbar, dass der einfache Kreis mit den Himmelsrichtungen auf dem Boden ausgelegt den Sonnenstand von Tages- und Jahreszeiten markierte. Wenn die Sonne beispielsweise in bestimmtem Winkel im Herbst die Westrichtung streifte, wusste der Stamm, dass es Zeit war, Wintervorräte anzulegen und die Sommerweideplätze zugunsten der Winterweiden zu verlassen. Wer den Kreislauf des ewigen Zyklus der Jahreszeiten nicht ernst nahm und nicht vorsorgte, (ver-)hungerte in den kalten Tagen des Winters. Das Medizinrad half unseren Vorfahren, sich im Lauf des

Tages und des Jahres zu orientieren. Aber auch der Lebens-Lauf des Menschen wurde auf das Rad übertragen. Das Rad diente als äußerer und innerer Kompass. Als eine Art archaische Entwicklungspsychologie wussten indigene Völker von der Bedeutsamkeit des Zyklischen. Einzelne Lebensphasen bewegen sich im Kreis, folgen hinter einander: Geburt, Kindheit, Jugendzeit, Erwachsensein, Alter, Tod und Wiedergeburt. Die zyklische menschliche Entwicklung wurde dem Rad und den Himmelsrichtungen zugeordnet und wichtige Übergänge von einer Entwicklungsphase in die nächste erkannt und zelebriert. Das Weisheitsrad ermöglichte Orientierung für das Menschsein in vielen Dimensionen. Hyemeyosths Storm, ein indianisch-deutscher Medizinmann, beschreibt die Bedeutung des Medizinrades als „Zeichen des Universums" und als „Spiegelung des großen Geistes unter den Menschen" (4) und verweist damit auf die spirituelle und ganzheitliche Tiefe der Medizinrad-Weisheit.

So ist es auch und gerade in dieser modernen Zeit bedeutsam, sich der Medizinradarbeit erneut zuzuwenden. Wer sich mit dem Weisheitsrad beschäftigt, kann sich selbst und die Einbettung in ein größeres Ganzes vertieft verstehen. Die Koordinaten des Rades sind in unserer komplizierten Welt des ständigen Wandels wie ein stabiles System, das Ordnung, Übersicht, natürliches Wachstum, Erkenntnis und persönliche Entwicklung ermöglicht. Die einzelnen Himmelsrichtungen dienen dabei als Plätze, welchen Qualitäten zugeordnet sind (siehe später).

Um die Medizinrad-Arbeit nun konkreter darzustellen, habe ich ein altes Rad der Maya-Kultur ausgewählt, das Hyemeyosths Storm den Leitern einer Visions-Suche-Organisation, der School of Lost Borders, übermittelte. Steven Forster und Meredith Little entwickelten daraus ein Medizinrad, das im Besonderen als Landkarte der menschlichen Entwicklung dient. Sie nannten es „Die vier Schilde" – vor allem auch deswegen, um den indianischen Menschen ihren Medizinrad-Namen nicht zu „besetzen". Für mich ist das weise Wissen der Medizinräder, wie immer sie auch genannt werden, ein pankulturelles und dem Menschen dienendes. So verwende ich für dieses Kapitel weiter den Namen „Medizinrad", um Begriffs-Verwirrung zu vermeiden. Dieser Name wurde in der „westlichen Welt" vor allem durch die Bücher von Sun Bear & Wabun bekannt. Über Medizinräder gibt es vielseitige Literatur und das Thema füllt nicht nur ein Buch, sondern ganze Regalreihen.

Im Folgenden wird das oben benannte Maya-Medizinrad erläutert: Der Leser versetze sich an einen ebenen schönen Platz in der Natur, vielleicht auf eine Blumenwiese oder in ein Hochtal im Gebirge. Er stelle sich nun einen Stein-Kreis vor, der wie oben beschrieben vor ihm auf dem Boden liegt. Die vier Himmelsrichtungen sind mit vier großen Steinen markiert. Die Achsen als Verbindung zwischen den Himmelsrichtungen werden von vielen kleinen Steinen, in einer Linie liegend, verbunden, sodass vier Quadranten ersichtlich sind. Über dieses einfache Stein-Rad werden nun gedanklich Kreis für Kreis Bedeutungsebenen „gelegt". Wir beginnen immer im Osten und umwandern je

Bedeutungsebene einmal das Rad. Die Ebenen sind: Der Tageslauf, der Jahreslauf, Farben und Elemente, der Lebens-Lauf des Menschen und die vier Aspekte des Menschseins.

Die Himmelsrichtungen und ihre Bedeutungsebenen
Die Ausführungen sind eine Auswahl und dienen dazu, mit der Qualität der Himmelsrichtungs-Plätze zu kontakten.

<u>Das Zyklische des Tageslaufes:</u>
Wer mit dem Rhythmus der Natur lebt und frühmorgens aufsteht, wird auf der Nordhalbkugel im Osten die aufgehende Sonne beobachten. Wenn sie mittags im Zenit steht, geht der Blick direkt nach Süden. Und abends beleuchtet der Feuerball mit seinen letzten Strahlen im Westen die Landschaft. Im Norden herrscht die Nacht – und täglich wiederholt sich der gleiche Zyklus. Die Bedeutung der Himmelsrichtungen und die Zuordnung des Tageslaufes ergeben sich aus der einfachen Beobachtung des natürlichen Geschehens.

<u>Das Zyklische des Jahreslaufes:</u>
Ähnlich ist es mit den Jahreszeiten. Der Frühling entwickelt die Kraft des Neuen. Das Licht – wie der tägliche Sonnenaufgang – kehrt nach einem langen Winter zurück und bringt die Lebenskraft der Natur in Gang. Der Osten steht für diese Kraft. Die Sonne steht im Sommer am höchsten und bringt wie der Mittag im Tageslauf die größte Hitze. Das ist die Qualität des Südens. Der Herbst ähnelt energetisch der Abenddämmerung. Die Tage werden kürzer, Licht und natürliches Leben ziehen sich zurück – das

zeigt sich als Westqualität. Und was im Tageslauf die Nacht im Norden ist mit verschwundenen Sonnenstrahlen, Kälte und Dunkelheit, setzt sich in größerer Dimension in der winterlichen Jahreszeit fort. So geben die Himmelsrichtungen Orientierung für den Tages- und Jahreslauf, in dem sie die zyklische Entwicklung des Sonnenstandes verdeutlichen.

Zuordnung Farben und Elemente zu den Himmelsrichtungen:

Während sich die Symbolik des Kreises mit den vier Himmelsrichtungen und die Zuordnungen von Tages- und Jahreslauf in den Medizinrädern gleichen (außer unterschiedlichen Zuordnungen entsprechend der Nord- oder Südhalbkugel der Erde) sind je nach indianischer Tradition Farben und Elemente unterschiedlich. Die Anordnung der Elemente ist oft der Umgebung eines Volkes angeglichen (z.B. Wasser im Süden, weil sich ein großer See im Süden eines Standortes befindet). Die Farben beschreiben z.B. die Oberflächenfärbung des Bodens. Sehr häufig verwendet sind bei indianischen Ureinwohnern oder in Australien die Farben Rot, Schwarz, Gelb und Weiß. Im oben genannten Medizinrad sind die Farbzuordnungen: Osten – gelb, Süden – rot, Westen – schwarz, Norden – weiß. Sie kommen im Medizinrad durch die Farbwahl der Steine zur Geltung. Die Elemente-Zuordnungen sind: Osten – das Feuer, Süden – das Wasser, Westen – die Erde, Norden – die Luft. Die Bedeutung der Elemente wird im nächsten Abschnitt über die vier Aspekte des Menschseins erläutert.

Das Zyklische der menschlichen Entwicklung:
Dazu gehören die Entwicklungsstadien des Menschen: Geburt, Kindheit, Jugend, Erwachsensein, Alter, Tod, Wiedergeburt. Sie sind durch Übergangsphasen gekennzeichnet. Jede Entwicklungsphase bringt eigene Entwicklungsaufgaben mit sich. Wer einen Übergang in ein neues Stadium vollziehen will, wird Altes zurücklassen und neue Entwicklungen durchlaufen. Wenn ein Übergang nicht wirklich vollzogen ist, können trotz fortgeschrittenen Alters Menschen in einer vorherigen Entwicklungsphase oder Aspekten davon „stecken bleiben". Indigene Völker legten daher immer schon großen Wert auf Initiations- und Übergangsrituale, um die Entwicklung der Stammesangehörigen zu reifen Menschen zu begleiten und zu fördern. Übergänge sind:

Südosten: Der Übergang der (Wieder-)Geburt in das Leben.

Süden – Die Kindheit:

Südwesten – Der Übergang in das Teenager-Alter

Westen – Das Jugendalter

Nordwesten – Der Übergang zum Erwachsenen – Initiation

Norden – Der reife Erwachsene

Nordosten – Der Übergang zum weisen Alten

Osten – Der weise Alte und der Spirit / Geist – Übergang in den Tod / Neugeburt Richtung Südosten

Die Himmelsrichtungen und die vier Aspekte des Menschseins:

Osten – GEIST / Spirit

In der Frühlingszeit herrscht die Zeit des Aufbruchs vor. In der Natur wächst und sprießt die ganze Schöpfung. Auch für die menschliche Psyche symbolisiert die aufkeimende Frühlingskraft Aufbruch, neue Ideen, Visionen und fruchtbaren Neubeginn. Der Ostplatz ist der Platz der Transformation, der Veränderung, der Glaube an Überirdisches, Spirituelles und an das größere Ganze. Geburts- und Sterbeprozesse als Übergang liegen im Ostquadranten. Erleuchtung, Gebet, Hingabe und Magie haben Bedeutung, der Mensch zählt als ein Wesen, das mehr ist als Körper, Psyche und Verstand. Kunst, Inspiration, Kreativität und Intuition haben hier ihren Platz. Das Element des Feuers leuchtet symbolisch für die Vision, die aufgehende Sonne im Leben und die Erleuchtung. Dem Osten zugeordnet wird auch das Unvorhergesehene, der heilsame Schock eines Ereignisses, welches alles bisher Gültige aushebelt und das große Loslassen einfordert.

Süden – Körper / Sinne und ursprüngliche Emotionen

In der Kindheit leistet der Körper unglaubliches. Vom Kleinstsäugling zum Teenager wächst und wandelt er sich täglich. Das gesunde Kleinkind weiß um seine ureigensten Bedürfnisse und bringt diese zum Ausdruck. Der Körper diktiert dem Bewusstsein, was er will: Essen, Trinken, Geborgenheit, Wärme. Das Kind will sofort alles befriedigt haben. Es erforscht mit allen Sinnen ungeniert die Welt und erlebt im besten Fall Urvertrauen zu den Beziehungspersonen. Wenn nicht, passieren in dieser Zeit tiefe Verletzungen, welche ursprüngliche Bedürfnisse wie Sicherheit, Liebe, Urvertrauen, Freude durch negative Erfahrungen belegen und Schutzmechanismen und Glaubenssätze produzieren, um den Schmerz der Verletzung nicht spüren zu müssen. Der Instinkt und ursprüngliche Reaktionen auf Gefahrensituationen haben hier ihren Platz: fight, flight oder freeze – flüchten, kämpfen oder erstarren, um das Überleben zu sichern. Für den Erwachsenen ist die Sommerenergie aber auch die Zeit der Sommerhitze auf anderer Ebene, die Zeit der Lebensfreude, des Genießens. Triebe wie Erotik und Sexualität sind oft vordergründiger als im Winter und die Sinne angeregter. Das Element Wasser des Medizinrades weist hin auf die bewegte Emotionswelt.

Westen – Psyche

Der Westplatz und die Jahreszeit des Herbstes signalisieren den Ort des Rückzuges. Der Jugendliche zieht sich zurück wie bei der Verpuppung einer Schmetterlingsraupe, um sich seiner selbst bewusst zu werden. Beim Kind drehte sich die Welt um das ICH, der Jugendliche entdeckt nun das DU im Gegenüber, zumeist im anderen Geschlecht und es stellt sich die Frage, wer bin ich eigentlich? Was will ich leben? Mit welchen Menschen will ich zusammen sein? In der Jugendzeit ist die Psyche heftigen Schwankungen unterworfen, die Gefühle wechseln von „hoch jauchzend“ bis zu „tief traurig“ innerhalb kurzer Zeit. Scham, Schuld, Zweifel stellen das bisherige Leben des unbeschwerten Kindes in Frage. Der Körper wird geschüttelt von hormonellen Schüben. Was entwickelt sich aus der Welt der Abgrenzung von den eigenen Eltern und dem Ziel der Identitätsfindung? Manchmal diktiert die Psyche Anpassung, manchmal den Platz des Aufsässigseins und manchmal bleiben Menschen in dieser Phase stecken. Für den Erwachsenen bietet der Westplatz einen Ort der Transformation, durch Innenschau und Reflexion neue Entwicklungen einzuleiten. Es könnte auch der Ort sein, sich Kindheitsverletzungen bewusst zu werden und an deren Heilung zu arbeiten. Das Element der Erde unterstreicht die Westenergie, in die Tiefe zu gehen und umzugraben.

Norden – Verstand

Die Zeit des Winters bringt glasklare glitzernde Schneekristalle hervor. Sie zeigen symbolisch, was der menschliche Verstand bewirkt: Er kann Ordnung, Struktur, Klarheit bringen. Die Nordenergie des Verstandes wird bewegt vom Intellekt des reifen Erwachsenen, der sich engagiert für die Gemeinschaft - das WIR - und bestenfalls weitsichtig Entscheidungen trifft, welche die Belange der Nachkommen berücksichtigen. Pflicht, Routine, Disziplin, Regeln entspringen dem Nordgeist. Er befähigt den Mensch zu Kommunikation und Verhandlung, erfindet Maße, Einheiten, Wissenschaft. Der Nordplatz ist der Platz des Handelns und der Verantwortung. Das Element der Luft unterstützt im Norden die Qualität der Klarheit.

Übersicht zu den einzelnen Himmelsrichtungs-Zuordnungen (welche keinerlei Anspruch auf Vollständigkeit erhebt)

Osten	**Süden**	**Westen**	**Norden**
Morgen	Mittag	Abend	Nacht
Frühjahr	Sommer	Herbst	Winter
Feuer	Wasser	Erde	Luft
Gelb	Rot	Schwarz	Weiß
Weiser Ältester DAS GROßE GANZE Spiritualität Inspiration Kreativität Höheres Selbst Visionen Loslassen…	**Kindheit** ICH Ur-Triebe und Grundbedürfnisse: Befriedigt, behütet? Enttäuscht, verwundet?...	**Jugend** DU Identität Innenschau Wer bin ich? Wie werde ich erwachsen?...	**Erwachsener** WIR , Gemeinschaft Intellekt Regeln Rituale Kommunikation Verantwortung Handeln…
GEIST / Spirit	Körper / Sinne	Psyche	Verstand

Übergänge im Medizinrad – Zuordnung zu den Himmelsrichtungen:

Süd-Osten	**Süd-Westen**	**Nord-Westen**	**Nord-Osten**
Sterben, Tod, Wieder-Geburt Spiritueller Raum der Seele	**Übergang zum Teenager** Frau-/Mann-Reifung beginnt auf allen Ebenen	**Initiation zum Erwachsenen** Lösen von den Eltern Eigene Lebensperspektive entwickeln	**Übergang zum weisen Ältesten** Rat für die Gemeinschaft Vorbereitung auf den Tod

Die Schatten der einzelnen Himmelsrichtungsplätze

Die einzelnen Entwicklungsstadien des Menschen mit den vier Aspekten des Menschseins können in Extreme ausarten. Wie sogenannte Schatten sich äußern könnten, zeigt folgende Übersicht (welche keinerlei Anspruch auf Vollständigkeit erhebt).

Süden	**Westen**	**Norden**	**Osten**
Unverbindlichkeit z.B. Sexualität, sofortige Befriedigung, Playboy –girl Süchte z.B. Spielsucht, Ess-Sucht, Drogen… Gewalt, Krieg: Aug um Aug, Zahn um Zahn oft über Generationen	Ewige Rebellion, ewiger Jugendlicher, Prozesse führen, immer der 68er… Depression – Wolke im schönsten Wetter sehen Opfer sein und bleiben Nicht zur Frau, zum Mann werden: Verweigerung von Verantwortung für sich	Zuviel Leistung, Burnout Helfersyndrom, zuviel Verantwortung Perfektionist Gesetze im Übermaß, kein Freiraum, keine Selbstentscheidung Zu viele Regeln, Starre, Rigidität Doktrin anstatt flexibles	Ideologie Wertvorstellungen über alles… fehlender Bodenkontakt – Esoteriker, Fanatiker

	selbst – Vorwürfe an die Eltern, Schuldgefühle Egozentriker, ewiges Kreisen um sich selbst – Selbstmitleid Suizidgefahr	Wachstum	

Orientierende Aussagen des Medizinrades
Da das Rad die Ganzheit des Lebens widerspiegelt, gilt es bei indigenen Völkern als Instrument der Heilung. Grundaussagen des Medizinrades sind:

- Alles Sein ist zyklisch. Nach dem harten Winter kommt immer wieder der Frühling als Hoffnungsschimmer, nach einer langen dunklen Nacht folgt der Tag. Wir leben in Kreisen und Kreisläufen.

- Und gleichzeitig ist dabei jedes Frühjahr anders als das vorhergehende, jeder neue Tag anders als der zurückliegende. Es geht nie rückwärts, alles ist im zyklischen Fluss. Wir können vertrauen, dass neue Erfahrungen kommen.

- Das Wissen um die Phase von Sterben und Tod macht das Leben so kostbar.

- Alles ist miteinander verbunden. Eine Veränderung in einer Qualität - z.B. eine längere körperliche Beeinträchtigung - beeinflusst ebenso Psyche, Handeln und spirituelle Haltungen eines Menschen. Und der Mensch, selbst ein Teil der Natur, ist unweigerlich mit ihr verbunden.

- Der Mensch durchlebt verschiedene Lebensphasen mit jeweiligen Entwicklungsaufgaben, welche durch Übergänge markiert sind. Jede Lebensphase hat ihre eigene Herausforderung. Gelungene Entwicklung findet dann statt, wenn im jeweiligen Quadranten die Aufgabe gelebt und durch eine bewusste Übergangszeit Altes abgeschlossen und neue Qualitäten als Basis des Kommenden bewusst werden.

- Die Richtungen können als Polaritäten gesehen werden, die einen Perspektivenwechsel ermöglichen. Aus welcher Hauptrichtung schaue und handle ich grundsätzlich oder in bestimmten Situationen?

- Alle vier Himmelsrichtungsqualitäten sind gleich bedeutsam. Der Mensch hat alle vier Plätze mit den entsprechenden Qualitäten gleichzeitig in sich. Interessant ist, welche Plätze individuell überentwickelt und welche unterentwickelt sind.

- Ein Blick auf das eigene Leben lässt Tendenzen erkennen: Wie reagiere ich, wenn ich ein Projekt anpacke: Bin ich als erste Reaktion strukturiert aus der Nordenergie heraus handelnd oder gehe ich meist intuitiv kreativ (Ostplatz) vor? Bin ich grundsätzlich sehr ehrgeizig und diszipliniert, um meine Ziele zu erreichen (Nordplatz) und vernachlässige dabei häufig meine körperlichen Bedürfnisse nach Entspannung und Ruhe (Südenergie)? Welche Plätze sind bei mir also überfüttert, welche am Verhungern und wo geht meine Sehnsucht hin? Was spalte ich ab, werte ich ab, welchem Platz messe ich mehr Bedeutung zu? Wie sehr vernachlässigt ein „Workaholic" die Zeit für Liebe und „sich-treiben-lassen"? usw. Erstrebenswert im Sinne des Medizinrades wäre es, dass sich alle Plätze z.B. als Körper-, Psyche-, Verstand- und Spiritbewusstsein in Balance befinden und sich entfalten dürfen. Ein selbsteinschätzender Blick in diesem Sinne zeigt Disharmonien auf und kann „diagnostische" Hinweise einer eigenen Standort-Bestimmung liefern.

- Das Rad läuft bildlich gesehen dann rund, wenn alle Richtungen gleichmäßig gut verteilt da sein dürfen. Anders herum erhält das Rad Schlagseite, wenn eine Richtung verdrängt wird. Es ist also immer wieder das Ziel, Integration und Balance anzustreben als Voraussetzung für inneres Wachstum und Heilung.

- Für die Paar-Beziehungsebene ergibt sich die spannende Frage, wer in der Beziehung welchen Platz einnimmt und die Bedürfnisse eines Platzes für den anderen mit trägt. Diese Sichtweise kann auf die Rolle der Familienmitglieder erweitert werden.

- Weil sich alles zyklisch im Uhrzeigersinn des Medizinrades bewegt, findet die Entwicklung einer neuen Qualität ebenso im Uhrzeigersinn statt. So kann ein depressiver Jugendlicher (Rückzug - Westenergie) durch eine Aufgabe des Handelns (Nordenergie), z.B. der Pflege eines Haustieres, in seine Kraft kommen. Ein abgehobener Esoteriker kann durch das Spüren seiner Körperkraft (Körpertraining – Südenergie) wieder geerdet werden. Der Weg zur Veränderung führt also immer über die nächste Himmelsrichtung.

- Wir durchlaufen die Stadien des Rades während eines Lebenszyklus, manchmal jedoch situationsbedingt innerhalb von Sekunden. Kommen wir als Ersthelfer an eine Unfallstelle, könnten folgende Reaktionen ablaufen: Herzrasen, Angst, am liebsten würde ich als erstes weggehen… (Südenergie). Kann ich helfen? Mache ich das richtig? Zweifel… (Westenergie). Ich rufe den Notarzt und helfe, so gut ich kann… (Nordenergie). Bin ich froh, dass ich das geschafft habe, ich bin dankbar, voller Demut und zutiefst erleichtert… (Ostenergie).

- Die Mitte des Medizinrades, das Zentrum, ist ein heiliger Raum. Sie ist umgeben vom Symbol des Kreises (einer Kugel im dreidimensionalen Raum), welcher die Unendlichkeit symbolisiert: Es gibt keinen Anfang und kein Ende. Der dadurch gebildete Raum ist unser

Schöpfungsraum, der von jedem Menschen gestaltet wird.

Immer wieder die eigene Balance im ständigen Wandel zu finden, daran zu wachsen und dabei Selbsterkenntnis, Selbst-Präsenz und eine ganzheitliche Entwicklung anzuregen – so könnte ein wesentlicher Dreh- und Angelpunkt einer persönlichen Medizinradarbeit beschrieben werden. Sun Bear & Wabun bekunden in ihrem Medizinradbuch: „Wir erkennen darin eine Möglichkeit, die Menschen dazu anzuhalten und anzuleiten, sich stetig zu verändern, zu wachsen, sich dem Leben und all ihren Verwandten auf dieser Erde zu öffnen.“ (5)

Praktische Anwendung des Medizinrades
In der Hoffnung, dem Leser hiermit einen übersichtlichen theoretischen Einblick über die Bedeutung des oben beschriebenen Medizinrades vermittelt zu haben, stellt sich nun die spannende Frage, wie das Wissen alltagstauglich sinnvoll eingesetzt werden könnte. Im Folgenden werden einige Anregungen beschrieben, die ich persönlich inspirativ und bereichernd finde. Gleichwohl ist das Medizinrad kein starres Werkzeug, sondern ein „lebendiges“ Medium. Der Kreativität des einzelnen, die Aspekte und Qualitäten der Medizinrad-Medizin für sich anzuwenden, sind keine Grenzen gesetzt. Als erstes werde ich ein Beispiel beschreiben, wie mittels einer einfachen Methode neue Perspektiven auftauchen können…

Praxisbeispiel: Die vier Aspekte bezüglich einer geplanten Nepal-Reise im Medizinrad betrachten

Schon seit einem halben Jahr träume ich zusammen mit meinem Freund von einer Nepalreise. Ein Teil in mir freut sich darauf: Mit dieser Reise erfülle ich mir endlich meinen Urlaubstraum, das Land kennenzulernen. Aber ich habe auch Bedenken. Vor einigen Jahren war ich zum ersten Mal in Fernost – in Ladakh. Während der Reise erkrankte ich schwer und hatte danach über zwei Jahre körperliche Beschwerden. Damals schwor ich mir, nie wieder ein asiatisches Land zu betreten, denn ich war womöglich trotz strikter Vorsichtsmaßnahmen fremden Krankheitskeimen nicht gewachsen. Nun lockt aber doch wieder die Abenteuerlust. Zu diesem Thema will ich in das Medizinrad gehen, um mir Rat zu holen. Meine Absicht lautet: Ist es gut für mich, die Reise zu unternehmen?

Ich baue das Medizinrad im Wohnzimmer auf meinem Steinboden auf: Vier große Steine lege ich im Abstand von ca. eineinhalb Metern als Quadrat: Der weiße Stein im Norden, der gelbe im Osten, der rote im Süden, der grauschwarze im Westen. Die Steine begleiten mich schon viele Jahre. Sie stammen aus dem Mittelmeer und sind etwa faustgroß. Ich „rief“ sie während eins Strandspazierganges und diese wunderschönen Exemplare durfte ich mitnehmen.

In die Mitte stelle ich eine Kerze und lege ein Kissen für mich als Sitzgelegenheit. Bevor ich beginne, hole ich meine Räucherschale mit Salbei, räuchere das Medizinrad und mich und rufe gedanklich die Kraft der sechs Richtungen

(O,S,W,N inklusive Himmel und Erde) und die Kraft meiner geistigen und spirituellen Helfer. Dann spreche ich nochmals laut meine Absicht aus und setze mich in die Mitte auf das Kissen und lasse mich zuerst einmal im Zentrum des Rades ankommen. Ich blicke intuitiv nach Osten. Dort rücke ich meine Kerze hin, rutsche mein Kissen vor den Ostplatz und betrachte diese Himmelsrichtung. Auf der Kerze steht „zufällig" das Wort „Wallfahrtskirche". Meine Gedanken wandern nach Nepal. Die Reise könnte viel mehr sein als eine gewöhnliche Tour. Meine Sehnsucht nach dem Land ist eine sehr alte, die kenne ich schon seit der Jugendzeit. Der Ostplatz erinnert mich an Spiritualität. Und genau das ist Nepal auch für mich – ich suche den Kontakt zur Spiritualität dieses Landes. Die Reise hätte tatsächlich die Überschrift „Wallfahrt" – und würde damit ehrgeizige Trekkingpläne öffnen für ganz andere Begegnungen. Es hätte die Dimension einer schamanischen Reise... Ein weiterer Aspekt wird mir bewusst: Der Ostplatz erinnert auch an die persönliche Vision, die Berufung. Da ich das Schreiben als eine meiner Berufungen sehe, könnte ich die Reise auch mit journalistischem Blick begehen und darüber schreiben.

Ich danke dem Osten und rücke Licht, Kissen und mich einen Quadranten weiter in den Süden. Dort greifen meine Hände gleich nach dem roten Südstein. Wie ein kleiner lächelnder Babykopf erscheint mir das Gestein und auf einmal spüre ich tiefe Herzensliebe zu diesem Land, als gäbe es eine große Verbundenheit, auch zu den Menschen dort. Ich kann das plötzliche Gefühl nicht in Worte fassen, bin sehr gerührt und verweile lange auf dem Platz. Es scheint die Chance einer wunderbaren Herzens-Erfahrung dort zu warten. Die Südenergie der Liebe hat mich angenehm berührt. Dann denke ich an meinen physischen Körper und bekomme den innerlichen dringenden Rat, auf die Reise ernsthaft vorbereitend zu trainieren.

Wieder rücke ich einen Platz weiter. Der Weststein zeigt mir eine dunkle Stelle, einen Schatten. Der fühlt sich jedoch friedlich an, als gäbe es nichts Schweres zu befürchten. Ich denke an meinen Lebenspartner und andere Reiseteilnehmer. Ich werde daran erinnert, auf meine eigene Balance zu achten und bezüglich möglicher Konflikte in meiner Mitte zu bleiben.

Am Nordplatz steht die Räucherschale und glimmt noch vor sich hin. Ich sehe die Elemente Feuer, Erde, Wasser und Luft vor mir und im Geiste befinde ich mich für kurze Zeit in der urgewaltigen Landschaft von Nepals Gletscherbergen. Die Tour wird mich wieder tief rückbinden an den spirit-of-nature und mich Einfachheit und Demut lehren: Nur mit dem Zelt unterwegs sein, versorgt mit dem Nötigsten – und trotzdem ist es mehr als genug.

Nach dieser Runde im Medizinrad setze ich mich nochmals in die Mitte, bedanke mich bei allen Richtungskräften. Dann löse ich das Rad auf, räume die Steine weg und schreibe meine Eindrücke in mein Tagebuch. Die Reiseplanung wird mich sicherlich noch länger beschäftigen. Mit den Inspirationen des Medizinrades haben sich meine Zweifel besänftigt und es fühlt sich richtig an, die Reise zu unternehmen.

Mentale Medizinrad-Anwendung als Orientierungs- und Reflexions-Methode

Viele Themen und Fragestellungen können ganz einfach mit den vier Himmelsrichtungen und ihren Aspekten beleuchtet werden. Ohne ein Medizinrad aufzubauen, nur als geistige Orientierung, dienen die vier Aspekte dazu, z.B. ein persönliches Problem aus den vier Perspektiven heraus zu überdenken. Allein diese Herangehensweise öffnet und weitet den Horizont.

Wie oben beschrieben kann eine generelle persönliche Standortbestimmung mental durchgeführt werden: Welche Plätze haben in meinem Leben Übergewicht, welche sind unterfüttert – und welche Konsequenzen ziehe ich daraus? usw. Während eines Medizinrad-Seminares erzählte ein indianischer Ältester stundenlang viele Geschichten. Er verwendete kein Skript. Später informierte seine Lebenspartnerin, dass dieser weise Mann seine Erzählungen im Uhrzeigersinn des Medizinrades anordne und immer wisse, wo sein roter Faden für die beabsichtigte Botschaft sei. Die weltbekannte Elektrophysikerin, Heilerin und Predigerin Rosalyne Bruyére verriet während eines ihrer Seminare, dass sie ihre Predigten entlang des Medizinrad-Kreises gestaltet. Auch Konzepte von Visionssuchen sind nach dem Schema eines Medizinrades aufgebaut. In der Vorbereitungszeit bewegt sich der Visionssuchende einmal mit seinem Thema um das Rad.

Praktische Medizinrad-Anwendungen: Persönliche Fragestellungen aus der zyklischen Perspektive heraus betrachten

Vorbereitungen:

1. Das Medizinrad legen

Eine über die rein kognitive Betrachtung weiterführende Medizinradarbeit braucht ein sichtbares gestaltetes Medizinrad. Wie im Praxisbeispiel oben beschrieben, genügen vier Steine, die in den Himmelsrichtungen ausgelegt werden und eine Markierung für die Mitte (Tuch, Stein etc.). Idealerweise sind die Steine gelb, rot, schwarz-grau, weiß und werden den Richtungen zugeordnet. Wer möchte, kann die Elemente hinzufügen: Im Osten eine Kerze für das Feuer, im Süden eine Schale Wasser, im Westen eine Schale mit Blumenerde oder einem anderen erdigen Symbol, im Norden einer Feder für die Luft. Eine sehr schöne Variante ist es, in der Natur ein Medizinrad zu legen – oder im eigenen Garten, wo es vielleicht einen festen Platz erhält. Ich persönlich trage immer vier kleine farbige Steine in meiner Handtasche. Sie erinnern mich im Alltags-Stress an die Medizinrad-Kraft. Außerdem habe ich so mein mobiles Medizinrad mit mir und kann es jederzeit wo auch immer aufbauen.

2. Ritualisierter Ablauf

Warum Medizinrad-Arbeit häufig so inspirierend und bereichernd wirkt, ist wissenschaftlich nicht erforscht. Ähnlich wie in der Psychologie die Familienaufstellungen für einen Klienten wirken und wissenschaftlich (noch) nicht erklärbar sind, entfaltet auch das Medizinrad eine heilende

Wirkkraft. Sie ist spürbar und erfahrbar, jedoch nicht beweisbar. Darauf kommt es meiner Ansicht nach auch nicht an. Wer den Kreis des Medizinrades betritt, berührt ein Feld, das schon 1000e von Menschen davor nutzten. Es entsteht der Eindruck, als würde sich beim Betreten des Medizinrad-Feldes ein weises Wissen aktivieren, das dem nach wahrhaftigen Antworten Suchenden zur Verfügung steht. Die Medizinrad-Arbeit ist somit eine phänomenologische, auf Beobachtungen und Erfahrungswissen basierende Methode. Bewährt hat sich als ANFANG und ENDE das einfache Anzünden und Ausblasen einer Kerze oder das Räuchern zu Beginn wie im Beispiel oben beschrieben und der allgemeine Dank am Ende der Sitzung. Die eigentlichen Inhalte werden durch eine zu Beginn geäußerte ABSICHT fokussiert. Die bewusste Formulierung des Anliegens zu Beginn steuert die Aufmerksamkeit. Der Ritualcharakter eröffnet einen besonderen geschützten Raum. Während der Sitzung genügt es daher, sich gelegentlich an die Absicht zu erinnern. In der Regel läuft innerlich ein Prozess ab, der auch zu unerwarteten Ergebnissen führen kann. Dies geschieht dann, wenn ich mir innerhalb des Ritual-Raumes gestatte, loszulassen und im HIER- und JETZT zu sein. Rituale führen so zu neuen Perspektiven und auch in die Tiefe der Seele, weil sie ganzheitliches Erleben ermöglichen.

3. HIER- und JETZT-Modus

Danach beginnt die eigentliche Arbeit im Medizinrad. Wichtig ist es, sich ganz in das HIER und JETZT zu begeben und wahrzunehmen, welche Impulse sich regen. In diesem Modus sind wir bereit, das Weisheitswissen mit dem Herzen zu empfangen. Der Zustand könnte mit dem von Meditationen beschrieben werden. In der Offenheit für das, was kommen mag, verlassen wir den rein vom Intellekt gesteuerten Antwort-Weg und erhalten von weiteren Aspekten unseres DASEINS Hinweise zu unserem Thema.

Übung 1: Energie tanken in der Medizinrad-Mitte
Nach der beschriebenen Vorbereitung lautet die Absicht: „Ich lade mich mit Energie und Kraft auf." Dann setzt man sich auf ein Kissen in die Mitte des Medizinrades und lässt diesen heiligen Raum und dessen Kraft auf sich wirken. Die einfache Form unterstützt eine Kontaktaufnahme mit dem Weisheitsrad und lässt hineinspüren in die besondere Atmosphäre.

Übung 2: Eine Fragestellung von der Mitte aus betrachten
Nach der Vorbereitung setzt man sich in die Mitte und lässt sich zuerst einmal dort in aller Ruhe „ankommen". Dann blickt man von der Mitte aus intuitiv auf eine Richtung und betrachtet diese von der Zentral-Perspektive heraus in ihren Qualitäten und Aspekten, die Absicht / Fragestellung wiederholend. Im Uhrzeigersinn werden so alle vier Himmelsrichtungen von der Mitte aus betrachtet. Welche Perspektiven zeigen sich bezüglich des zu erforschenden Themas? Was sehe ich an jedem Platz? Was fühle ich? Welche Assoziationen und Bilder habe ich dazu?

Übung 3: Eine Fragestellung von den vier Plätzen aus betrachten

Nach der Vorbereitung geht man intuitiv zu einer Himmelsrichtung, stellt oder setzt sich direkt an diese Position mit dem Bewusstsein der persönlichen Absicht / Fragestellung und dem Wissen, was die jeweilige Himmelsrichtung bedeutet. Dann überlässt man sich dem HIER- und JETZT-Modus und schaut, welche Gedanken sich regen, welche Symbolik auffällt, welche Gefühle da sind usw... Im Uhrzeigersinn werden alle Richtungen besucht und erforscht.

Übung 3a: Eine Fragestellung wie bei 3 an einen Baum lehnend bearbeiten

Man geht zu einem Baum im Bewusstsein, wo örtlich die vier Himmelsrichtungen sind. Dann lehnt man sich intuitiv an seinen Stamm, in eine Richtung blickend, formuliert die persönliche Frage und blickt in die vorgegebene Richtung. Was kommt als Hinweis? Was ist vor mir in der Landschaft zu sehen und zu spüren? So wandert man im Uhrzeigersinn um den Baum, in jeder Richtungsposition mindestens zehn Minuten inne haltend... Am Ende bedankt man sich beim Baum für die Unterstützung.

Übung 4: Das Medizinrad umwandern

Nach der Vorbereitung geht man an einen Startpunkt der gedachten Kreislinie des Rades. Von da ab wandert man langsam und bedächtig im Bewusstsein der persönlichen Fragestellung im Uhrzeigersinn um das Medizinrad. Was sehe ich nach innen oder außen blickend? Welche Inspirationen erhalte ich? Wie ist es, in Bewegung zu sein? Die

Kreis-Umrundungen gehen so lange, bis die Energie hierfür ausgeschwungen ist…

Übung 5: Das Medizinrad beten

Mit einem persönlichen Anliegen geht man in die Mitte des Medizinrades. Hier verbindet man sich zuerst innerlich von Herzen mit allem, was unsere Schöpfung ausmacht: Erde, Himmel / Universum, Tiere, Pflanzen, Mineralien, geistige oder spirituelle Lehrer, wichtige Vorfahren, Himmelsrichtungen etc. Wie zu Beginn des Buches beschrieben, sind wir Menschen durchdrungen von Natur, daher ist es von Bedeutung, sich diese Kräfte zu rufen und sich mit ihnen auf der Herzensebene zu verbinden. Dann geht man intuitiv in eine Richtung und betet für das Anliegen unter dem Aspekt der jeweiligen Himmelsrichtung. Nach einer Runde im Uhrzeigersinn kann das Gebet immer weiter fortgesetzt werden. Komme ich auf andere Ideen, Gedanken, Inspirationen als meine bisherigen? Das Beten im Kreis unterstützt die Bewegung des Loslassens. Neue Innenräume können sich öffnen und somit auch neue Lösungen initiieren.

Übung 6: Die Medizinrad-Plätze durch andere Menschen sprechen lassen

Wenn mehrere Menschen anwesend sind, kann ein Thema im Medizinrad auf besondere Weise betrachtet werden. Dazu setzt sich eine Person mit ihrer persönlichen Fragestellung in die Mitte. Die Plätze der Himmelsrichtungen werden mit den weiteren Personen besetzt. Ihnen wird die jeweilige Qualität der Richtungen kurz beschrieben. Danach fühlen sich die Stellvertreter der Himmelsrichtungen in ihre Position ein. Nach der üblichen Vorbereitung spricht die Person in der Mitte ihre Absicht / Fragestellung laut aus und wendet sich dann an eine Richtungs-Person. Diese gibt ihre aus dem Augenblick heraus entspringende Ansicht bekannt. Dann kommt die nächste Richtungs-Person. Die Antwortrunde bewegt sich im Uhrzeigersinn, um dem zyklischen Rhythmus des Lebens (Tages-, Jahres- und Lebens-Lauf) zu folgen. Die Runde wird von der Person in der Mitte beendet, indem sie sich bei allen Beteiligten bedankt.

Im gleichen Modus kann auch ein Gruppenthema besprochen werden. Zu Beginn wird die Absicht – eine gruppenspezifische Fragestellung – festgelegt. Zusätzlich zur Besetzung der Himmelsrichtungs-Plätzen könnten z.B. zwei Personen in der Mitte sitzen: Eine vertritt die Position „Erde / genährt sein / Heimat / Entscheidungen für Kinder bedenken …“, die andere die Position „Himmel / Überblick / Weite…“. Dann beginnt der Osten mit der Antwort, dann der Süden, der Westen, der Norden. Zum Schluss sind Erde und Himmel dran…. Alle Personen zusammen finden ein gemeinsames Ritualende, z.B. mit einem Lied o.ä.

Übung 7 Lebens-Rückblick im Medizinrad

Wie würde ich meine Lebensart jetzt beurteilen, wenn ich älter wäre? Wenn ich rückblickend aus der Position des weisen Ältesten meine Weichen stellen könnte, was wäre mir wichtig? Welche Pläne hätte ich unbedingt gerne verwirklicht? Um in diese Perspektive zu kommen, kann man nach der Vorbereitungsphase in die Position des Nordwestens gehen, sich vorstellen, wie alt man denn gerade wäre und sich eine Weile dort einfühlen. Dann beginnt der Rückblick: Entlang des Kreises und der Himmelsrichtungsplätze wandert der Blick aus der Position des Ältesten zurück bis zum jetzigen Lebensalter. Welche Assoziationen, Pläne, Werte, beruflichen Ziele, Wünsche zeigen sich auf dieser Reise? Was bedeutet das für JETZT? Was müsste ich tun, um diese Ziele gut zu erreichen? Und was müsste ich „anstellen“, um sie zu verhindern?

Das Medizinrad als Rahmen für therapeutische Arbeit

Die Therapeutin und Visionssuche-Leiterin Irmtraut Schäfer entwickelte aus dem Medizinrad eine neue Form therapeutischen Arbeitens. Die Methode erfordert eine therapeutische Begleitung und sollte nicht alleine durchgeführt werden. Nachdem sie mir persönlich sehr erhellende Perspektiven zu Themen vermittelte, soll sie kurz beschrieben werden: Dem Klienten wird das Medizinrad und die Bedeutung der Himmelsrichtungsplätze erklärt. Dann formuliert er seine Absicht (welche vorab zusammen mit dem Therapeuten erarbeitet wurde) und betritt das auf dem Boden ausgelegte Medizinrad. Der Klient folgt nun seinen Impulsen, kann ohne festgelegte Reihenfolge alle Plätze aufsuchen inklusive der Mitte, Elemente und Steine anfassen, Gegenstände verändern usw. Dabei achtet er auf seine Gefühle, Assoziationen, körperliche Symptome, Innendialoge. Manchmal tauchen Erinnerungen oder Hinweise zu früheren Ereignissen auf. Der Klient tritt so in einen Prozess und sein Thema kann sich von verschiedensten Tiefen und Seiten zeigen. Diese Form der Medizinrad-Arbeit birgt diagnostische als auch lösungsorientierte Ansätze. Der

Therapeut begleitet den Klienten die gesamte Zeit. Die therapeutische Medizinrad-Arbeit wirkt ähnlich magisch wie eine psychotherapeutische Aufstellungsarbeit. In der Regel ist das Setting in eine längerfristige Psychotherapie eingebaut.

Die Anwendung praktischer Medizinrad-Arbeit ist nicht limitiert. Medizinräder sind Landkarten für das Leben und jeder Leser ist hiermit angesprochen, seine individuelle, kreative und sinnige Arbeitsweise mit dem Medizinrad zu entdecken. Die heilsame Wirkung entfaltet sich durch die praktische Erprobung und Umsetzung. Ich wünsche nun allen Neugierigen von Herzen, mutig die uralte Weisheits-Methode für die Entfaltung und Verwandlung des eigenen Lebensweges zu erschließen und sich Rat aus dem Rad zu holen.

Wie erkenntnisreich sich Medizinrad-Arbeit äußern kann, zeigt folgende Begebenheit aus meinem eigenen Leben: Über die Medizinrad-Arbeit und einer vorab unternommenen Medizinwanderung bin ich selbst einem für mich äußerst wichtigen Lebensthema auf die Spur gekommen. Um das Thema für die Leserschaft verständlich wieder zu geben, muss ich folgende Information vorweg einschieben:

Verlorener Zwilling

Womöglich gibt es viel mehr Zwillings-Schwangerschaften, als gemeinhin angenommen wird. Stirbt ein Zwilling in den ersten Wochen, bleibt die Zwillingsschwangerschaft oft unbemerkt. Ob nun unbemerkt oder bereits im Ultraschall erkennbar: Wenn ein Zwilling in der Gebärmutter ver-

stirbt, kann das für den Überlebenden tragische Folgen haben. Auf der psychologischen Ebene löst das Sterben eines Zwillingsgeschwisters unter Umständen heftige lebensbegleitende Themen aus: Man hat das Liebste verloren, das man bis dahin kannte. Um diesen Trennungsschmerz nicht zu spüren oder die Wut, dass man verlassen wurde oder die Schuldgefühle, nichts zur Rettung beigetragen zu haben, werden häufig psychologischen Schutzmauern aufgebaut. Viele Situationen im Leben sind unbewusst geprägt von der Sehnsucht nach dem verlorenen Anderen: Entweder werden Beziehungen sehr eng und symbiotisch. Oder man lässt keinen mehr an sich ran, um einem möglichen Trennungsschmerz auszuweichen. Es ist sehr schwer, seinen Platz im Leben wirklich ganz einzunehmen, weil ja die eigene Entwicklung immer mit dem Tod des anderen verbunden war. Therapeuten sehen die Heilung dieser umfassenden Thematik darin, die alte Verbindung zum anderen wieder zu spüren: Die Innigkeit und die Nähe, die einst vorhanden waren genauso wie den Schmerz und die Verlassenheit, als der andere neben dem Zwillings-Geschwister verstarb.

Lange, bevor ich von obigem Thema weiß, starte ich zu einer Medizinwanderung. Meine Absicht für diese Wanderung lautet: Warum komme ich trotz meiner vielen Talente und Fähigkeiten nicht in meine berufliche Kraft und kann erfolgreich sein – was blockiert mich? Ich trete mit diesem „Reisegepäck“ durch ein Gartentor. Es symbolisiert meine persönliche Schwelle. Durch sie betrete ich jetzt bewusst die Welt der Naturwesen in der Hoffnung, durch die Auszeit eine neue Sichtweise zu meinem Problem zu erhalten…

Ich laufe einen Wiesenhang hinab zu einem Brunnen. Er ist gedeckelt. Ein kleiner Sichtschlitz lässt mich in die Tiefe des Inneren blicken. Was ich sehe, ist ernüchternd. Da rieselt nur ein minimales Wasserrinnsaal hinab. Der Brunnen ist fast leer. Ja – genauso fühlt sich meine berufliche Kraft an, denke ich: Energielevel gleich Null. Ein paar Schritte weiter zieht mich ein Weiher an. Die samtige Oberfläche des Moorwassers ist glatt wie ein Spiegel. Ich blicke hinein, entdecke mein Spiegelbild und sehe mich ganz genau ein zweites Mal, als wäre ich gedoubelt. Ich gehe einen kleinen Steig hoch in ein mir noch völlig unbekanntes Areal des Waldes. Plötzlich bemerke ich, dass ich nicht alleine bin. Etwa 100 Meter entfernt geht vollkommen in sich versunken eine Frau, eine Teilnehmerin aus meiner Gruppe, parallel zu meiner Wegrichtung. Sie ist farblich fast gleich gekleidet und ihre Statur gleicht mir ebenso. Mindestens eine halbe Stunde werde ich von der Gestalt begleitet. Sie kommt nicht näher. Beinahe unheimlich zieht sie meines Weges, als wäre sie mein Schatten. Sie bemerkt mich nicht. Ich erreiche den Waldrand und komme zu einem uralten Grabstein. Ein Grabstein für wen? denke ich mir. Dann kehre ich zurück über die Schwelle. Später sitzen die Frau und ich am Tisch nebeneinander. Sie erzählt mir, dass sie ein Zwilling sei und eine verstorbene Zwillingsschwester habe. Als ich davon höre, bekomme ich Gänsehaut und kann das alles noch nicht einordnen….

Ein Jahr später nehme ich an einem Seminar zur Medizinrad-Arbeit teil. Jeden Tag gehen wir hinaus und machen eine Medizinwanderung zu einem persönlichen Thema. Das Thema des Tages lautet: „Erforsche die Welt mit all Deinen Sinnen“. Ich komme nicht weit, da höre ich ein erbarmungsloses, abgrundtiefes Schreien eines Vogels. Dieser Schrei trifft in mir jede Körperzelle und ich fühle einen heftigen Herzensschmerz. Ich kann ihn nicht erklären. Als ich an eine Felskante komme, schaue ich ca. fünf Meter hinab auf einen Felsvorsprung. Da sitzt ein Bussard und bewacht so etwas wie eine Beute. Es ist eine Taube. Der Kopf fehlt. Die Angelegenheit ist blutig und grausig. Am liebsten würde ich weglaufen und trotzdem stehe ich wie gebannt und schaue mir die Vögel an. Vor allem der ziehende laute Schmerzens-Schrei durchfährt mich immer wieder. Ich kann nicht weg, den ganzen Nachmittag bleibe ich da. Eine Stimme in mir sagt, dass das überhaupt keine Beutewache, sondern eine Totenwache ist. Aufgewühlt kehre ich zurück.

Ein paar Tage später wird die Medizinrad-Arbeit für die Teilnehmer zu einer therapeutischen Sitzung ausgeweitet. Am Ost-Platz, der im Medizinrad den Übergang des Sterbens signalisiert, werde ich körperlich sehr schwach. Meine Beine sacken mir weg. Ich lege mich zu Boden und fühle mich wie tot. Das passiert intuitiv. Der Therapeut fragt mich, wer ich bin. Ich antworte, warum auch immer, „Ich bin mein toter Bruder“. Wie der denn heiße, erkundigt sich der Therapeut und lässt sich nicht aus der Ruhe bringen. Wieder vollkommen spontan antworte ich: Jonas. Nach der

Sitzung klärt mich eine Frau auf, dass Jonas im Hebräischen die „Taube“ bedeutet…

Ein weiteres Jahr vergeht. Ich unterstütze einen Therapeuten bei der Beratung einer Klientin. Um ihrem Thema auf die Spur zu kommen, lässt der Therapeut das vermutete Thema im Raum mit Menschen nach der Methode der Familienaufstellung darstellen. Ich bekomme die Position ihrer womöglich im Mutter-Bauch verstorbenen Zwillingsschwester. Als ich der Klientin in dieser Position gegenüber stehe, beginnen meine Tränen aus dem Nichts zu fließen und wieder verspüre ich abgrundtiefe Traurigkeit. Es dämmert langsam in mir, dass ich unter Umständen zu jenen Menschen gehöre, die als Embryo ein Geschwister verloren haben.

Obwohl ich keine medizinischen Beweise habe, bin ich mir nun sicher, dass in den ersten Wochen meines Lebens ein männlicher Zwilling neben mir verstarb. Ab und an stelle ich ihn mir vor, den Bruder, der mich beinahe in diesem Leben begleitet hätte. Durch die Medizinwanderung und die Medizinradarbeit wurde die Thematik überhaupt erst für mich erschlossen. Inzwischen gehe ich bewusst immer wieder in die Wahrnehmung des Zwillingsthemas, wenn ich beispielsweise (wie früher oft) mein „Licht unter den Scheffel stelle“ und nicht mit voller Kraft mein Wissen und meine Weisheit in verschiedenen Kontexten anwende. Auch andere Problemzonen meines Lebens lassen sich nun ganz logisch für mich erklären. Das fühlt sich sehr entlastend an und ich habe über diese Erkenntnisse neue Ansätze für tief greifende Heilung entdeckt.

Council: Von Herzen sprechen und hören - die heilende Kraft des Geschichtenerzählens

Council heißt das neu-uralte Zauberwort, wenn Menschen zusammen im Kreis sitzen, sich intensiv zuhören und über ein Redestab-Ritual miteinander in Austausch gehen. Was das bringen soll? Dazu könnte eine Rückfrage aufrütteln: Wäre unser Leben anders verlaufen, hätten wir schon seit Kindesbeinen an Menschen um uns gehabt, die uns von Herzen zuhörten? …

Dieser Abend ist ein ganz besonderer: Es ist die Zeit der „Weisheit der Frauen“. Auf dem Boden ausgebreitet liegt ein dunkelblau-glänzendes Tuch, jede der vier Ecken mit einem andersfarbigen Stein bedeckt. In der Mitte steht die geschnitzte Figur einer schönen Afrikanerin. Sechs Frauen sitzen im Kreis herum, ein rot-bebänderter Redestab wird weitergereicht. Wer etwas zu sagen hat, nimmt sich den

Stab und spricht von Herzen das, was gerade wichtig ist. Alle anderen hören zu - in voller Präsenz und Achtsamkeit für das Gesagte und die Sprechende. Wer dann dazu einen Impuls hat, eine eigene Geschichte zu erzählen, nimmt sich wieder den Stab. Eine Geschichte ergibt die nächste, die Themen verweben sich, ähneln sich manchmal. Jede Frau kann selbst ein Herzensanliegen einbringen und dann lauschen, welche Geschichten die anderen dazu haben. Da kommt viel Weisheit in den Kreis. So geht es den ganzen Abend, zwei Stunden mindestens.

Der Weisheit der Frauen lauschen
Seit drei Jahren treffen sie sich, die Weisheitsfrauen und coachen sich mit der Methode des Councils selbst. Council bedeutet: Miteinander im Kreis zu Rate sitzen. Tiefgründige Geschichten, lustige Begebenheiten, Lebenskrisen oder alltägliche Fragen werden ausgetauscht. Die schön gestaltete Mitte symbolisiert die Weisheit des großen Ganzen: Wenn mehrere sich zusammen beraten und aus ihrem Leben erzählen, kommt eine ganze Menge an Lebenserfahrung zusammen, wovon alle profitieren.

Die „Weisheit der Frauen“ wurde von mir initiiert, aber die Methode ist uralt. Mit meinen Kenntnissen über das Council, die ich durch meine Ausbildung zur Visionssuche-Leiterin erworben habe, wollte ich einen tiefsinnigen Abend für Frauen gestalten, etwas, das über die normale Kaffeerunde hinausgeht. Was sich daraus entwickelte, ist faszinierend. „Der Abend ist mir inzwischen so wichtig, dass ich ihn mir trotz der Kinder und des Alltags-Stresses freihalte“, meinte eine Teilnehmerin. „Hier komme ich zur

Ruhe, hole mir Rat und kann meine eigene Weisheit in die Runde geben.“ Es scheint, das Angebot trifft eine tiefe Sehnsucht nach authentischem und vertrauensvollem Austausch in geschütztem Rahmen.

Natürlich ist die Methode nicht nur für die „Weisheit der Frauen“ tauglich, sondern für viele Zielgruppen: Soziale Gruppen, Teams, Schulklassen, Paare, Familien entdecken die positiven Wirkungen, miteinander im Kreis zu Rate zu sitzen und im Redestabmodus Herzenskommunikation zu betreiben. In den USA wird manchmal auch schon in Managementbereichen mit Council gearbeitet.

Alte Weisheit verknüpft mit moderner Gruppendynamik

Die Wurzeln der hierarchiefreien respektvollen Kommunikation sind in verschiedenen Kulturen zu finden. Bereits die Irokesen nutzen diesen Austausch in ihren Langhäusern, um in Gemeinschaft über Themen zu beraten. In Hawai gibt es eine ähnliche Kultur ebenso wie in der Native-American-Church. Die Ojai-Foundation in Kalifornien ließ sich von den Erfahrungen der traditionellen Ureinwohner inspirieren und reicherte das alte Wissen mit Erkenntnissen moderner Gruppendynamik-Techniken an. In ihrer Homepage (Adresse siehe Anhang) steht die Überschrift: „Unser Wunsch ist es, Praktiken zu fördern, die Verbindung herstellen mit sich selbst, anderen und der natürlichen Welt. Council, die Methode des Zuhörens und Sprechens mit dem Herzen, ist unser Herzens-Angebot“. Seit vielen Jahren bietet die Ojai-Foundation Seminare an für Council-Trainings. Gleichzeitig wird betont, dass es sich dabei nicht um eine Religion handelt. So kann Council einfach als Technikleitfaden für respektvolle Kommunikation gesehen werden – aber auch als spirituelle Lebenshaltung. Federführend in der Entwicklung der Methode sind Virginia Coyle und Jack Zimmerman. Beide veröffentlichten ein Buch: „Der große Rat“ heißt der Titel. Inzwischen gibt es ein internationales Council-Netzwerk und Ausbildungen zum Council-Trainer.

Council-Komponenten: Raumgestaltung, ritueller Ablauf, Rederichtlinien

Wer den „Spirit-of-Council“ selbst ausprobieren möchte, muss drei Bereiche beachten: Die Vorbereitung des Raumes, den rituellen Ablauf und die fünf Rederichtlinien. Ein Council-Hüter sollte vorab bestimmt werden, der den Moderations-Ablauf bewusst im Auge behält.

Ein Sitzkreis um eine schön gestaltete Mitte mit einem oder mehreren Redegegenständen wie z.B. Steine, Spielzeug, Stäbe etc. und eine Kerze, das sind die wichtigsten Komponenten für den Start. Eine schöne Einführung ist es, die Kerze zu Beginn mit einer Widmung für die kommende Runde zu entzünden. Das kann ein persönliches Thema sein, ein Wunsch für die Gruppe oder für die Weltgemeinschaft.

Ein Council findet immer in ritualisierter Form statt, mit klar definiertem Anfang, der folgenden Redestabzeit und dem bewusst gesetztem Ende. Dadurch wird ein besonderer „Rede-Raum“ geschaffen. Die Weisheitsfrauen lassen zu Beginn eine Räucherschale mit fein duftenden Kräutern herumgehen. Der Alltag kann abperlen, die Wachsamkeit für das JETZT wird gefördert und eine gesunde Spannung für die Themen der Mitfrauen spannt sich wie ein indianisches Tipi über die kleine Gemeinschaft. Eine Frau jeweils moderiert den Abend, erinnert an die Rederegeln, die Schweigepflicht und achtet auf die Energie. Dann liegen der Stab bzw. andere Redegegenstände in der Mitte. Wer etwas zu sagen hat, holt sich einen Gegenstand und hat die Aufmerksamkeit der Zuhörenden. Wenn die Themen ausgeschwungen sind, wird der Abend beendet – zum Beispiel durch das gemeinsame Auspusten der Kerze, einem Lied oder was der Gruppe hierzu einfällt. Das ist eine Möglichkeit, ein Council durchzuführen: Im sogenannten Web – Format. Die Redegegenstände liegen in der Mitte, die sprechende Person nimmt sich einen Gegenstand für die Zeit ihrer Rede und ihn legt dann wieder in die Mitte zurück. Es gibt eine ganze Reihe weiterer Formate. Wer hier tiefer einsteigen will, sollte einen Council-Workshop belegen.

Motivationsfaktor für Schüler: Eigene Geschichten erzählen

Vor Jahren besuchte ich ein Seminar mit Joe Provider, einem erfahrenen Council-Lehrer aus Ojai. Sein Steckenpferd sind die Schulklassen-Councils. Er baut Council-Runden in den Unterricht ein und beginnt oft mit einer Speed-Runde. „Was fällt dir ein zu „Vorurteil“?“ fragt Provider zum Beispiel. Der Stab kreist schnell im Uhrzeigersinn und viele Impulse purzeln in den Raum: Mobbing, Stressfaktor, Diskriminierung, usw. Die zweite Runde lautet dann: „Erzähl eine Geschichte aus einer Zeit deines Lebens, als du jemand kennenlerntest, den du nicht moch-

test und ihr dann Freunde wurdet." Joe Provider bietet dafür das Basis-Council an. Wer als erster Herzklopfen und einen Impuls zum Thema hat, ergreift den Redegegenstand und dieser geht dann im Uhrzeigersinn weiter. Wer gerade nichts weiß, hält den Stab, geht in Verbindung zu ihm und der Thematik, schweigt oder gibt doch noch spontan Input. Wer mag, kann auch statt verbaler Sprache mit Gesten kommunizieren. In einer dritten Runde fragt er über das Web-Council: „Hast du aus diesen Geschichten etwas gelernt?".
Oft wird ein Unterrichtsthema mit einer persönlichen Council-Geschichte eingeleitet. Provider will für die Schüler einen Raum schaffen, wo sie eingeladen, geliebt und willkommen sind in ihrem ganzen Wesen und die Verbundenheit innerhalb einer Gruppe erfahren. Für die Motivation der Schüler sei es immer besser, zuerst zu erzählen und an der eigenen Erfahrung anzuknüpfen, rät er. Mit seinem Team hat er schon viele Council-Ausbildungen an Schulen initiiert. Wirklich erfolgreich sei eine Schule dann, wenn Council vom Rektorat bis in das Kollegium unterstützt und praktiziert würde, erzählte der Council-Profi.

Liegt Geschichtenerzählen in unseren Genen?

Was genau aber ist nun die Magie dieser Kommunikationsform. Warum kommen die Weisheitsfrauen immer wieder mit großem Interesse zu ihrem Abend und warum „steigen" die Schüler „ein" und nicht mit Null-Bock-Stimmung aus? Kann es sein, dass uns Menschen das Geschichtenerzählen in den Genen liegt? Lange vor den ersten Schriftzeichen saßen wir alle in Kreisen um Feuer und gaben unsere Traditionen, unser Wissen und die Erfahrungen weiter – viele Jahrtausende lang. Das Zuhören ist während des Councils ein weiterer magischer Wirkfaktor. Durch das respektvolle Zuhören entsteht Anteilnahme an der anderen Person. Wir schenken Aufmerksamkeit in vollster Präsenz und der Sprechende kann authentisch sein und ohne Masken seine Wahrheit aussprechen. Wie oft im Leben haben wir die Situation, wertschätzend gehört zu werden? Oft erwächst aus den Themen des Kreises eine tiefe, immer wieder bestaunbare Verbundenheit und Weisheit – die Wahrheit des Kreises. Und das ist mit Worten schwer zu beschreiben. Eine Council-Maxime lautet: Council itself will teach you, what it is! – Das Council selbst wird dich lehren, was es ist. Erfahrbar wird es also nur durch das Tun.

Council wirkt, wenn es um wirklichen Austausch geht

Geeignet ist die Methode besonders, um persönliche Geschichten zu erzählen, Ideen zu einem Thema zu erarbeiten, um eine Vertrauensebene in Gruppen herzustellen, um gemeinsame Visionen zu entwerfen oder sich zu Themen gegenseitig zu beraten und auszutauschen. Weniger wirksam ist der Council-Modus, um Besprechungen mit vorgegebener Tagesordnung oder Podiumsdiskussionen oder „Wer-hat-Recht-Debatten“ durchzuführen. Wenn es nicht um wirklichen Austausch geht, kann Council seine Wirkung auch nicht entfalten. In großen Gruppen ab ca. 15 Personen wird die Kommunikationsform schnell unhandlich und professionelle Begleitung eines Council-Trainers ist ratsam. Wie lange ein Council pro Sitzung effektiv ist, hängt auch vom Alter der Personen ab. Die Zeitspanne wächst natürlich mit der Teilnehmer-Erfahrung. Für Jugendliche ist in der Regel eine Schulstunde ausreichend, Erwachsene halten schon zwei bis drei Stunden die Energie einer Council-Runde. Bei größeren Gruppen ist es ratsam, mit Redezeit-Vorgaben zu arbeiten. Ein vorab bestimmter Zeithüter rasselt oder klingelt mit einem Glöckchen, wenn die Redezeit zu Ende ist.

Wer das „Risiko" einer Council-Kultur wagt, könnte über die inhaltliche Weisheit hinaus noch folgende Erfahrungen machen: Council ist Beziehung und schafft Raum, in Beziehung zu kommen. Council ermöglicht die Erfahrung von Gemeinschaft, jeder ist wichtig. Council fördert es, Themen in respektvollem, hierarchiefreien Rahmen zu erforschen. Es gibt so etwas wie eine Gruppenseele und eine kollektive Wahrheit. Das Ganze ist größer als die Summe seiner Teilnehmer. Jeder ist mit allem verbunden. Alles ist in Bewegung. Sowohl die Weisheitsfrauen als auch die Schulklassen von Joe Provider spüren diese Weisheit. Und wäre es nicht auch ein weiser Weg für unsere Kultur, die das Sitzen in Kreisen ziemlich vergessen hat?

Council als Paar- und Familien-Methode nutzen

Auch Paare können die Methode einsetzen. Sie legen drei Kissen auf den Boden. Ein Kissen bleibt also frei und steht für die gemeinsame Beziehung. Dann beginnt das Ritual des Sprechens und Zuhörens mit dem Rede-Element. Ein Partner bringt sein Anliegen vor, weshalb er das Council einberufen hat. Dann wandert der Stab im Modus des achtsamen Zuhörens hin und her. Sollte die Kommunikation stocken oder schwierig oder emotional werden, kann das Paar inne halten und auf das leere Beziehungs-Symbol-

Kissen blicken. Was würde die „Beziehung“ nun dazu sagen, wäre sie wie ein eigenständiges Wesen mit einer Meinung anwesend? Möglich ist es auch, dass ein Partner kurzfristig auf das Beziehungskissen wechselt und hineinfühlt, wie sein Beitrag aus Perspektive der Beziehung wirkt. Eine Variante des Councils wäre z.B., dass der Stab nicht ständig hin und her geht, sondern pro Partner eine Redezeit von 15 Minuten festgelegt ist. Das erfordert natürlich schon eine besondere Disziplin und Übung im Zuhören des jeweiligen Partners.

Aber auch Familien profitieren von Council-Runden. In meinem Freundeskreis erhielt ich die Rückmeldung, dass nach dem ersten Familiencouncil der fünfjährige Sohn glücklich verkündete, jetzt habe man ihm endlich zugehört wie einem Erwachsenen... Es ist wohltuend für alle Familienmitglieder, wenn sich wöchentlich alle zum Familienrat zusammenfinden, aktuelle Themen besprochen werden können und jeder Gehör findet.

Council als Beitrag für Feste
Seinen spielerischen Charakter entfaltet das Geschichtenerzählen wunderbar während Geburtstagsfeiern oder anderen Festlichkeiten. Die Geburtstagsgesellschaft wird in den Kreis geholt, ein Redestab geht im Uhrzeigersinn von einer Person zur nächsten – und die Aufforderung lautet: „Erzähl eine Geschichte aus deinem Leben, die dich mit dem Geburtstagskind auf besondere Weise verbindet.“

Wer nun neugierig geworden ist und das Council in einfacher Form ausprobieren möchte, erhält im Anschluss eine

Zusammenfassung. Es ist zu empfehlen, erst in kleinen, vertrauten Kreisen wie Familie oder Freunde Erfahrungen zu sammeln. Wer mit Council ganze Gruppe leiten möchte, sollte sich eingehender damit beschäftigen, an Ausbildungs-Seminaren teilnehmen und die einschlägige Literatur studieren. Council bietet eine große Variationsbreite an Formaten, die Spezialwissen erfordern. Hier sind für den Einstieg die gängigsten Methoden, das Basis-Council, das Web-Council, die Speed-Runden, das Antwort-Council, das Paar-Council und als mögliche Erweiterung die Zeugenrunden beschrieben.

Informationen zur Durchführung eines Councils

Was ist Council?

Council bedeutet, mit mehreren Personen im Kreis zu sitzen und sich in respektvoller, hierarchiefreier Kommunikation, einem Redegegenstand und Rede-Richtlinien über ein Thema auszutauschen und Geschichten zu erzählen.

Einige Council-Formate

Basis-Council

- Der Redestab geht im Kreis im Uhrzeigersinn. Damit ist garantiert, dass jeder, der sprechen will, etwas sagen kann.
- Gut, um den Gruppenprozess zu beginnen und zu beenden
- Kann mit einem Thema fokussiert sein – oder offen ohne Thema (z.B. als Befindlichkeitsrunde)

Web-Council

- Der Redegegenstand ist in der Mitte
- Wer reden möchte, holt sich den Redestab und legt ihn danach wieder zurück. So entsteht ein unsichtbares „Rede-Netz“ von Beitrag zu Beitrag.
- Geeignet, um Themen zu erforschen, sich auszutauschen und tiefer in spezielle Themen einzutauchen

Antwort-Council

- Die Person, die den Redegegenstand hält, stellt eine persönliche Frage und ermutigt die anderen, darauf kurze Antworten zu geben. Der Redestab bleibt in der Hand der fragenden Person.
- Der Fragende beendet, wenn er genug gehört hat.

Speed-Runden (z.B. für Schulklassen zum Anwärmen für ein Thema)

- Der Redestab kreist zügig im Uhrzeigersinn. Jeder spricht nur einen kurzen Satz zu einer vorgegebenen Frage. Beispiel: „Was ist für dich Glück?“. Der Stab kreist mindestens drei Runden, um Assoziationen zu sammeln. Wem nichts einfällt, reicht den Stab einfach weiter. Danach beginnt das eigentliche Council, z.B. zu dem Thema: „Erzähl mir eine Geschichte aus deinem Leben, als du sehr glücklich warst“.

Paar-Council

- Zwei Personen sitzen sich gegenüber und widmen sich einem Thema, erarbeiten eine Vision etc. mit Hilfe eines Redegegenstandes.

- Beispiel: Jede Person hat 15 Min. zum Erzählen, dann wird gewechselt. Am Schluss findet darüber ein zeitlich begrenzter Austausch im Webformat statt. (Oder es geht gleich zu Beginn im Web-Format hin und her.)
- Keine weiteren Diskussionen danach.
- Ein oder zwei Zeugen können anwesend sein und ihre Kommentare und Perspektiven anbieten, wenn sie von den Council-Teilnehmern darum gebeten werden - entweder während des Prozesses oder anschließend. Dies muss vorher abgesprochen sein.
- Für die Beziehung der beiden Personen kann auch ein leeres Kissen dazu gelegt werden. Wenn das Gespräch stockt, kann man auf die „Beziehungs-Seele" (Kissen) hören. Oder sogar den Kissen-Platz vorübergehend einnehmen und sich einfühlen. „Wie würde ich aus der Beziehungs-perspektive heraus zum Thema sprechen?"
- Zum Beispiel kann sich auch eine dritte Person auf das Kissen setzen und für das Gemeinsame der Beziehung oder des Anliegens sprechen.

Zeugenrunden:

- Wenn nicht alle Personen am Council teilnehmen wollen oder die Gruppe zu groß wäre, können Personen während des Councils als Zeugen zuhören. Dies muss vorab vereinbart werden.
- Nach dem Council können die Zeugen ihre Beobachtungen bezüglich des Prozesses äußern. Dabei soll nicht mehr auf das Inhaltliche eingegangen werden. Für die Dynamik einer Gruppe kann das manchmal sehr hilfreich sein, wenn eine Außenperspektive den

Council-Prozess nochmals spiegelt. Diese Art von Austausch erfordert allerdings bereits einen erfahrenen Moderator.

Council-Komponenten

- Sitzen im Kreis,
- um ein Zentrum in der Mitte (z.B. Kerze)
- Ein Redestab (oder: verschiedene Redegegenstände, die in der Mitte liegen – jeder Redner kann sich dann für seinen Beitrag einen eigenen Gegenstand aussuchen)
- Rede-Richtlinien und weitere Hinweise
- Ritualform mit bewusstem Anfang- und Ende
- Bewusste Absicht: Thema zu Beginn formulieren (das Thema kann auch - wie beim Weisheits-Frauen-Kreis - ein allgemeiner Austausch sein zu aktuellen persönlichen Anliegen)
- Moderator

Council-Ablauf

1. Vorbereitung im Raum:

- Gestaltung des Kreises mit einer Mitte (Kerze, Blumen, etc.) und einem Sitzkreis und den Rede-Elementen

2. Vorbereitung des Ablaufs:

- Thema / Absicht festlegen
- Welches Council-Format ist dafür geeignet?
- Welcher Zeitrahmen?
- Wer ist Moderator?

- Der Moderator erinnert dann vor Beginn an die 5 Richtlinien (siehe unten) und die Schweigepflicht

3. Council-Durchführung:

- Eröffnung mit: z.B. akustischem Signal wie Zimbel oder Kerze anzünden und Widmung aussprechen (siehe unten) ggf. Lied, Tanz, Körperübung… passend zur Zielgruppe
- Councilrunden
- Abschluss: Gemeinsamen Abschluss finden z.B. Gemeinsam Kerze auspusten oder einfach noch mal das Zimbelsignal im Sinne von: „Das Council ist beendet“ oder andere kreative Abschlussmöglichkeiten finden.

4. ggf. danach:

- Zeugenbeiträge
- Metaebene: Besprechen des Prozesses – neue Themenfindung für weitere Council-Runden

Die 5 Rede-Richtlinien

1. **Vom Herzen aus sprechen**
   Es spricht nur die Person, die den Redegegenstand hat. Erzähle deine Geschichte mit Respekt für dich und den Kreis.

2. **Die Essenz sprechen. Das, was wahr ist. Bleib beim Wesentlichen.**

3. **Spontan sprechen – Überraschungen zulassen, dem Moment vertrauen.**

Spontan sein ist o.k.! Das Gesprochene muss nicht druckreif sein.

4. **Vom Herzen aus zuhören**
   Höre mit Respekt und voller Präsenz und Achtsamkeit der sprechenden Person zu.

5. **5 Bewertungen weglassen**
   Werde dir möglichen inneren Bewertungen bewusst und steck sie gleich wieder weg. Bewertungen werfen uns aus dem bewussten Zuhören heraus.

Zusätzliche Anweisungen des Moderators an die Gruppe, bevor das Council beginnt

Nach jedem Redebeitrag bekräftigt der Sprecher seinen Redebeitrag mit „Aho“ oder „So sei es“ oder „Okay“ oder „Amen“ oder einem anderen Wort in der Bedeutung: „Ich habe gesprochen und bin nun fertig mit meinem Redebeitrag“.

- Der Kreis (– alle zusammen gleichzeitig -) wiederholt das gleiche Wort in der Bedeutung: „Wir haben Dich gehört“.
- Feder: Bei Missachtung einer Rederichtlinie wird eine Feder (in der Mitte des Kreises liegend) hoch gehalten mit dem Hinweis, welche Richtlinie eben nicht beachtet wurde. Das kann jeder im Kreis machen, wenn er eine Richtlinienüberschreitung feststellt. Dann: Kurzes Schweigen und sich innerlich sammeln. Dann: Fortfahren im Council.
- Hinweisen auf die Schweigepflicht

- Auch Schweigen und Gesten sind – stille – Kommunikationsmittel. Den Redestab für kurze Zeit in Stille zu halten ist auch eine Form von Kommunikation.

Eine Widmung aussprechen
Je nach Zielgruppe kann es passend sein, zu Beginn eine Widmung für die kommenden Council-Runden auszusprechen. Zum Beispiel spricht beim Anzünden der Kerze eine Person eine Widmung für die ganze Gruppe. Oder: Es geht vor der Council-Eröffnung eine Rassel im Kreis herum und jeder, der möchte, spricht eine Widmung. Hinweis des Moderators an die Gruppe: „Die Widmung kann gesprochen werden für dich, für den Kreis, für ein größeres Ganzes, einen Ort, die Gemeinschaft, einen besonderen Menschen, dem du Gedanken schickst…“

Themen-Beispiele
Die Themen sind vielfältig wie die Menschen und Gruppen selbst. Hier einige Beispiel-Themen für eine Gruppe zur Eröffnung des Kreises oder zum Kennenlernen:

„Erzähl eine Geschichte aus deinem Leben über:…“

- deinen Anlass, warum du heute gekommen bist?
- wie dein Name lautet? Wer gab ihn dir und warum? Was bedeutet er in seiner ursprünglichen Sprache?
- deine Vorfahren - wer ist dein Lieblingsvorfahre?
- deine Erfahrungen oder Fähigkeiten, die du als Geschenk in die Gruppe bringst?
- worum sich dein Leben im Moment dreht?

- etwas, das dich vor kurzer Zeit völlig unerwartet getroffen hat.
- eine Begebenheit, die dich und dein Leben verändert hat.

Schamanische Bewusstseinsreisen: Kraft, Intuition und neue Perspektiven aus der „Anderswelt“

Vielleicht kennt der Leser den Kinofilm „Der goldene Kompass“. Jede Person hat dort ein Krafttier an ihrer Seite, das ihr auf Schritt und Tritt folgt, beisteht, sie begleitet, berät und Kraft gibt. Wie wäre die Vorstellung in unserer Realität? Wie wäre es, wenn wirklich jeder ein magisches Tier hätte, das diese Aufgabe erfüllte? Mit den schamanischen Bewusstseinsreisen nähern wir uns diesem spannenden Thema. Was der Film zeigt, existiert als Energieform tatsächlich für jeden Menschen…

Eine persönliche Annäherung

Alles begann mit einer Hepatitis Impfung. Vier Wochen vor meiner geplanten Reise nach Ladakh erhielt ich die

Impf-Medikation auf eigenen Wunsch injiziert. Schon am nächsten Tag war ich seltsam „platt“. Ab diesem Zeitpunkt bis zum Reisebeginn vier Wochen später war ich erschöpft und meine normale sportliche Leistungsfähigkeit schien sich in Luft aufgelöst zu haben. Bereits die leichteste Klettertour strengte meinen Körper bis zur Leistungsgrenze an: Hoher Puls, null Kraft, Schwächeattacken, große Müdigkeit. Damals dachte ich mir noch, o.k., da hat mich die Impfung vorübergehend stärker „erwischt“ und meine Leber als Energiezentrale geschwächt. Aber auch während der Reise inklusive einer zehntägigen Trekking-Tour und viele Monate danach hörte die Erschöpfung nicht auf. Mein komplettes sportliches Leben wie Klettern, Bergsteigen, Skibergsteigen oder Joggen, existierte praktisch nicht mehr. Ich ließ mich medizinisch untersuchen, beim Hausarzt, beim Tropeninstitut und auch beim Herzspezialisten. Aber ich erhielt immer nur die Botschaft, dass die Ergebnisse kaum von der Norm abwichen. Nach der „Ergebnisverkündigung“ war für die jeweiligen Mediziner klar, dass es für mich nichts weiter zu tun gab. Und trotzdem war ich genau seit dem Tag dieser Impfung nicht mehr gesund. Ich als Sportlerin konnte mich mit meinem Gesundheitszustand nicht zufrieden geben. Vor der Impfung führte ich Menschen als Fachübungsleiterin auf die Berge, danach kam ich selbst nicht mehr auf einen kleinen Gipfel hoch, ohne fast zu kollabieren.

Weil mir die „normale“ Medizin nicht weiterhelfen konnte, suchte ich bewusst sowohl diagnostische als auch therapeutische Unterstützung bei alternativen Heilmethoden. Und die Beratungsinformation war erstaunlich. Seit dem Tag der Impfung vermutete ich tief in mir, dass meine Leber eine leichte Entzündung oder Schwäche erlitten hatte. Gleichzeitig traute ich mir selber nicht. Die Mediziner wiesen mich immer ab mit meinen diagnostischen Erklärungsversuchen. Doch plötzlich bestätigten mir alle – Heilpraktiker, Fußreflexzonenmasseurin, Homöopathin, Energieheiler unabhängig voneinander genau diese Diagnose. Wenigstens hatte ich nun einen Focus, mich zu behandeln. Was mich sehr nachdenklich stimmte war die Tatsache, dass unsere „Hardware"-Medizin – so lebenswichtig und sinnvoll sie für viele Erkrankungen auch ist - bestimmte Krankheitsbilder nicht erfassen kann. Und entweder gilt man dann als Simulant oder eben nicht therapierbar. Ich resümierte aus dem monatelangen Leidensweg, dass ich selbst von Anfang an auf der richtigen Spur war, mich aber als „Expertin für mich selbst" in Ehrfurcht vor dem Wissen der Ärzte zurückgenommen hatte. Nicht, dass ich die moderne Medizin nicht würdigen wollte, sie hat mir bereits zweimal operativ das Leben gerettet. Was ich mir damals jedoch innigst gewünscht hätte, war eine Methode, um mit mir selbst in Kontakt zu kommen und meine eigene „Weisheit" anzuzapfen – zusätzlich zu allen anderen Ratschlägen aus der Außenwelt.

Ich hatte inzwischen begonnen, leberstärkende Medikamente einzunehmen und unterstützte den Heilungsprozess mit verschiedensten Therapien – homöopathisch, phytotherapeutisch, manuell, usw. Langsam besserte sich mein Zustand. Als ich in dieser Zeit die Mutter meines Lebensgefährten besuchte, lag auf ihrem Tisch eine Zeitschrift. Ich las die Ankündigung eines neuen Buches: „Schamanische

Bewusstseinsreisen“ und eine CD zur Anleitung war ebenso beigelegt. Wie magisch starrte ich auf den Titel. Ob das nicht eine Möglichkeit wäre, tiefere Bewusstseinsdimensionen zu erreichen? Eine Woche später hatte ich die Literatur auf meinem Schreibtisch liegen. Es dauerte einen weiteren Tag, dann hatte ich das Buch gelesen und war bereit, in die „neue Dimension“ einzusteigen.

Die leise Trommelmusik der CD hörte ich kaum mehr. Meine erste schamanische Bewusstseinsreise hatte die Absicht: „Ich begegne meinem Krafttier“. Das erinnerte ich noch kurz. Dann sah ich mich in einer fantastischen nordischen Landschaft, Bachläufe glitzerten in der Sonne, Heidekräuter und kleine Birken bewuchsen eine Hochebene, gesäumt von kargen runden Berghügeln. Plötzlich schwang sich aus dem Nichts ein riesiger Vogel. Er flog direkt auf mich zu, landete vor mir und umarmte mich mit seinen federweichen Flügeln. Ich spürte die Umarmung, sie war wie wirklich. Ich fühlte mich so unglaublich glücklich. Tränen liefen mir über die Wangen. Die Begegnung war liebevoll und gleichzeitig mächtig - so, als hätte dieses Tier immer schon auf mich gewartet. Es war ein Gefühl von tiefem Beschütztsein.

Der Kontakt zu meinem Krafttier war damals nicht nur der Auftakt zu vielen weiteren schamanischen Bewusstseinsreisen. Ich hatte nun eine neue Spur, die mich hinaus führte aus der wissenschaftlich akzeptierten Welt hinein in eine meines Erachtens noch viel weitere Perspektive eines schamanischen Weltbildes. Auch zum Thema Gesundheit machte ich sehr bald eine Krafttier-Reise und erhielt den

Namen einer mir bis dahin völlig unbekannten Pflanze übermittelt. Als ich zu deren medizinischen Wirkung recherchierte, war eine Indikation ihrer Anwendung bei Leberstörungen angegeben. Natürlich besorgte ich mir die Pflanze und nahm sie regelmäßig ein. Inzwischen fühle ich mich wieder relativ gesund. Und ich bin jetzt dankbar über die Irr- und Leidenswege, die ich aufgrund der Hepatitis-Impfung zu gehen hatte. Ohne ihr wäre ich wohl nicht so schnell der schamanischen Weltsicht begegnet.

Die schamanische Weltsicht

Wie bereits in der Einleitung zu diesem Buch beschrieben gilt der Schamanismus als ältestes bekanntes Heilsystem unserer Erde. Er ist seit zehntausenden von Jahren auf allen Kontinenten des Planeten bekannt. Alles ist in dieser Sichtweise mit allem verbunden. Alle Daseinsformen sind beseelt und tragen Schöpferkraft in sich. Im schamanischen Weltbild entstehen Krankheit und Krisen dann, wenn das Gleichgewicht zwischen Kosmos und Mensch gestört ist. Schamanische Arbeit ist daher in erster Linie Bewusstseins- und Energiearbeit.

Neben der normalen Alltagswelt gibt es im schamanischen Weltbild eine nichtalltägliche Wirklichkeit, welche über einen veränderten Bewusstseinszustand wahrgenommen werden kann. Diese Anderswelt ist vorstellbar wie eine weitere Wahrnehmungsebene parallel zu unserer Alltagswelt in Form einer geistigen Welt. Sie ist unterteilt in drei Ebenen: Die obere, mittlere und untere Welt. Alle drei haben unterschiedliche Energien und Ausdrucksformen. Die obere ist erfüllt von lichter Energie, die mittlere Welt ist mit unserer vergleichbar, die untere ist erdige Energie und zeigt sich oft durch urige Landschaften.

Eine der wichtigsten Fähigkeiten eines Schamanen ist es, über verschiedene Trance-Techniken den Bewusstseinszustand zu wechseln und die Ebenen der nichtalltäglichen Wirklichkeit zu bereisen. So kann er „hinter“ die Alltagswelt blicken und damit Einsichten und neue Perspektiven aus der nichtalltäglichen Wirklichkeit zu Themen gewinnen. Für den Schamanen ist diese Erfahrung gleichwertig real wie das Dasein in der Alltagswelt. In der Dimension der Anderswelt existieren in der schamanischen Weltsicht Geistwesen. Durch die Trancereisen nimmt der Schamane Kontakt zu den Spirits auf und erhält Unterstützung in Form von Hinweisen, Erkenntnissen und Heilenergie. Der Schamane heilt nie aus eigener Kraft. Vielmehr öffnet er sich der Dimension der anderen Welt und nutzt die Heilenergie seiner Geisthelfer. Der Schamane ist dabei wie ein leeres Gefäß, durch das die Heilkraft fließt. Durch die Bewusstseinsreise kann er sich über das Krankheitsbild des Patienten informieren. Nach schamanischer Sicht ist Krankheit ein Zeichen für einen Verlust oder eine Minderung der persönlichen Kraft. Ursachen können sein, dass der Kranke zu wenig Eigenenergie besitzt, dass er von störenden Fremdenergien besetzt ist oder einen Teil seiner Seele durch Traumata verloren hat. Der Ansatz schamanischen Heilens ist es dann, entweder dem Klienten über eine Trancereise die fehlende Kraft zurückzubringen oder auf einer feinstofflichen Ebene Extraktionen von Fremdstoffen vorzunehmen oder einen verlorenen Seelenanteil rückzuholen. So bedeutet schamanisches Arbeiten, bewusst von den

Spirits Energien aus der Anderswelt zu holen und damit die Selbstheilungskräfte eines Hilfesuchenden zu katalysieren.

Schamanische Tätigkeit

Natürlich ist die Funktion eines Schamanen im Verbund eines indigenen Volkes viel weitschichtiger. Er heilt nicht nur über Bewusstseinsreisen, sondern nutzt weitere Heil-Methoden. Als Priester führt er Rituale und Zeremonien durch. Er ist Lehrer und Geschichtenerzähler, um die Tradition des Volkes zu bewahren. Wer in dieser „Branche“ für sein Volk einen Dienst tut, hat einen guten Zugang zur nichtalltäglichen Wirklichkeit und ist Professioneller im Umgang mit Energien. Er ist Mittler zwischen den Welten. Schamanen durchlaufen hierfür oft eine jahrelange Ausbildung, bis sie praktizieren dürfen. In manchen Stammesgesellschaften werden sie über Älteste berufen oder sie folgen einer langen Familientradition, die seit Generationen Schamanen hervorbrachte. Dabei ist das Leben nicht immer einfach. Der normale Lebensunterhalt muss meist über andere Jobs verdient werden. In der Freizeit tritt der Schamane dann seinen Dienst für die Gemeinschaft an.

Core-Schamanismus: Schamanische Bewusstseinsreisen im westlichen Verständnismodus

Etwa seit den 1960er Jahren interessiert sich die westliche Kultur für Schamanismus. Michael Harner, ein amerikanischer Kulturanthropologe, studierte jahrzehntelang weltweit schamanische Praktiken. Dabei machte er eine interessante Entdeckung: Auf dem ganzen Globus arbeiten Schamanen mit ähnlichen oder gleichen Methoden. Die zentrale Technik hierfür ist die Bewusstseinsreise. Mit

Trommel-, Rasselmusik oder Tanzen reisen Schamanen in andere Welten und kommunizieren dort mit ihren Geisthelfern, um für die Gemeinschaft oder einzelne Personen neue Erkenntnisse und Heilenergie zu holen. Michael Harner hat seine Forschungen Anfang der 1980er Jahre unter dem Namen „Core-Schamanismus“ (Kernschamanismus) zusammengefasst. Das Konzept des Kernschamanismus beschreibt die zentralen Punkte schamanischen Arbeitens: Die schamanische Bewusstseinsreise. Unabhängig von religiösem Hintergrund ermöglicht der Kernschamanismus, im westlichen Verständnismodus zu bleiben und schamanische Bewusstseinsreisen zu praktizieren. Menschen, die diese Technik anwenden, können als „schamanisch Praktizierende“ bezeichnet werden. Wie oben beschrieben umfasst die Tätigkeit eines traditionellen Schamanen ein viel größeres Tätigkeitsfeld. Es bedarf daher der Abgrenzung. Gleichwohl ist es für die westliche Kultur ein Segen, das Kernstück des Schamanismus angepasst an die eigene persönliche Lebensweise anwenden zu können.

Was sind schamanische Bewusstseinsreisen?

Eine schamanische Bewusstseinsreise ist eine Reise in die nichtalltägliche Wirklichkeit in einem Zustand der Trance. Sie führt in die Landschaften unseres veränderten Bewusstseins. Dort sind Erfahrungen möglich, die mit dem Normalbewusstsein nicht machbar sind. Indigene Kulturen arbeiten über die schamanische Bewusstseinsreise mit Krafttieren und geistigen Helfern. Über ein bestimmtes Vorgehen, das im Folgenden erklärt wird, können wir diesen Bewusstseinszustand erreichen und mit der nichtalltäglichen Wirklichkeit und ihren Wesenheiten Kontakt aufnehmen und sie für unsere persönliche Entwicklung nutzen.

Der tranceartige Zustand ist mit dem eines Tagtraumes vergleichbar. Im Unterschied zu Träumen und Trips mittels Drogen steuert dabei das Bewusstsein ununterbrochen den Vorgang. Somit bleibt die Kontrolle über die Reise zu jedem Zeitpunkt erhalten und der Reisende hat die Freiheit zu entscheiden, wann er die Reise beenden möchte. Der veränderte Bewusstseinszustand ist vergleichbar mit einer tiefen körperlichen Entspannung bei gleichzeitiger wacher Wahrnehmung für das innere Reisethema. Eine sehr gute Möglichkeit, in den Trance-Zustand einzutauchen, ist die Musik. Rassel und Trommel sind daher bei indigenen Kulturen seit jeher wichtige Instrumente, die mit monotonen Rhythmen einen tranceartigen Zustand hervorrufen. Aber auch andere Methoden wie Tanzen oder Singen eignen sich. Die schamanische Bewusstseinsreise, wie sie im Kernschamanismus dargestellt wird und für eine Anwendung „zuhause“ möglich sein soll, sieht gezielt von Drogenanwendungen ab. Wenn das auch in schamanischen Kulturen unter Aufsicht und Anleitung Anwendung findet, ist der Prozess nicht mehr klar durch das Bewusstsein steuer- und kontrollierbar und auf alle Fälle für den „Hausgebrauch“ nicht zu empfehlen.

Durch einen Rhythmus von 220 Trommel- oder Rasselschlägen pro Minute wechselt unser Bewusstsein mühelos in einen zeitlosen Bewusstseinszustand einer leichten Trance. Dabei ändert sich das Hirnwellenmuster. Die Beta-Wellen des normalen Wachbewusstseins wandeln sich bei

Entspannung und gleichzeitiger geistiger Wachheit zu einem Alpha-Wellen-Zustand. Außerdem sind beide Gehirnhälften gleichzeitig aktiv, was im Normalbewusstsein selten der Fall ist. Kreative Problemlösungen sind so im Zustand der leichten Trance besser möglich.

Ein wichtiges Steuerungselement zu Beginn der Reise ist die präzise formulierte Absicht. Jede Bewusstseinsreise muss in den Rahmen einer klaren Intention gestellt werden. Das ist der „Auftrag" an die geistige Welt, zu diesem Thema oder Problem neue Sichtweisen zu zeigen. Mit der Kraft unseres Geistes fokussieren wir das Reisethema. Wer keine Absicht formuliert, wird sehr wahrscheinlich nichts sinnvolles erleben. Wie in jeder schamanischen Handlung ist die Reise in ein Ritual eingebettet. Über einen festgelegten Ablauf stellt das Ritual den Rahmen für eine bewusste Handlung. Der formelle Rahmen bietet Schutz und steuert die Energie während der Reise ähnlich des fließenden Wassers eines Baches, das vom Bachbett eingefasst wird. Wie bei Medizinwanderung, Medizinradarbeit oder Council hat die schamanische Bewusstseinsreise einen klar definierten Anfang und ein deutliches Ende.

Ablauf einer schamanischen Bewusstseinsreise

Der Reiseablauf kann in sechs Abschnitte unterteilt werden:

Erstens: Äußere Vorbereitung – der Raum

Wer eine Reise in die nichtalltägliche Wirklichkeit unternehmen möchte, braucht ein angenehmes und entspanntes Umfeld. Es geht darum, sich bewusst Zeit zu nehmen und

Abstand vom Alltag zu schaffen – sei es durch eine Entspannungsübung vorab, räuchern oder dem Entzünden einer Kerze. Es geht um die innere Bereitschaft, die sich im Äußeren zeigt und auch der geistigen Welt signalisiert, dass nun der Focus in ihre Richtung gelenkt wird. Die Reise dauert in der Regel ca. 15 – 20 Minuten. Das Telefon sollte abgeschaltet, die Trommel-CD eingelegt und die restlichen Familienmitglieder von dem Bedürfnis nach Ruhe informiert sein. Eine bequeme Sitz- oder Liegeunterlage sollte vorbereit sein, ebenso eine Decke und eine Augenbinde. Im Laufe der Zeit wird meist klar, welche Reisehaltung – im Sitzen, Liegen, bei manchen Menschen sogar im Stehen – am wirksamsten ist. In der Regel ist es günstig, im Dunkeln oder mit einer Augenbinde zu reisen. Das innere Sehen wird dadurch erfahrungsgemäß bei den meisten Menschen verbessert. Wichtig ist, schon von Beginn an zu wissen: Wenn irgendetwas unangenehm wäre, kann der Reisende jederzeit selbständig die Reise unterbrechen und beenden. Er muss dazu nur die Augen aufschlagen und er ist zurück aus der Trancewelt.

Zweitens: Innere Vorbereitung – die Absicht

Eine schamanische Reise unternimmt man nur dann, wenn auch die Reiseabsicht klar ist. Was ist das Ziel der Reise? Was will ich unbedingt wissen? Zu empfehlen ist es, die Absicht der ersten Reisen nach folgendem Schema zu führen: Reise eins: Ich lerne meine nichtalltägliche Wirklichkeit kennen. Reise zwei (siehe unten): Ich lerne mein Krafttier kennen. Reise drei (siehe unten): Ich lerne meinen spirituellen Lehrer kennen. Durch diese ersten Reiseerfahrungen ist der Kontakt zur geistigen Welt und den Helfern hergestellt. Über die Krafttiere und Lehrer wird jedes weitere Problem bzw. jede weitere Frage bearbeitet. Je klarer und bewusster die Absicht ist, umso eindeutiger werden auch die Erlebnisse und Informationen aus der geistigen Welt während der Reise sein.

Drittens: Reisebeginn

In einer entspannten Haltung sitzend oder liegend, am besten zugedeckt und mit Augenbinde wird die Entspannungsübung durchgeführt. Je nach eigener Erfahrung eignen sich Atemübungen oder andere Techniken. Entscheidend ist, abzuschalten und vollkommen im HIER und JETZT anwesend zu sein. Dann wird die Trommelmusik eingeschaltet. Es ist auch möglich, eine andere Person für sich selbst trommeln oder rasseln zu lassen.

Nun ist es wichtig, einen Startpunkt für die Reise zu betreten. Es ist die Schwelle, der Durchgang, der hinüber führt in die Anderswelt. Geeignet sind Plätze in der Natur, die man von früheren Ausflügen kennt und die einen physischen Durchgang darstellen könnten. Zum Beispiel eine Fuchshöhle in einer Waldlichtung, die nach unten führt. Oder zwei Bäume, die sich zu einem Tor zusammenlehnen. Oder ein Wasserfall, den man nach unten entlang gleitet. Es gibt so viele Durchgangsmöglichkeiten wie es Menschen gibt. Der Mechanismus dieser Vorstellung soll eine deutliche räumliche Trennung von der Alltagswelt markieren. Es ist wichtig, sich den Ort plastisch genau vorzustellen. Kurz vor dem Durchschreiten spricht man laut mehrmals die persönliche Absicht und geht dann hindurch. Dies ist auch wieder der Platz, an welchem die Reise endet und man bewusst zurück in die Alltagswelt kommt.

Sollte das Durchgehen in die Anderswelt über einen ausgewählten Naturplatz nicht gleich funktionieren, kann man mehrere Versuche während einer Trommelsitzung starten. Wenn es nicht klappt, kann einfach ein anderer Naturplatz gewählt werden. Wichtig ist, sich nicht entmutigen zu lassen. Irgendwann hat man die Schwelle durchschritten.

Viertens: Aufenthalt in der nichtalltäglichen Wirklichkeit

Alle Ereignisse, die nun folgen, sind Begegnungen in und mit der nichtalltäglichen Wirklichkeit und informieren zur Absicht der Reise. Durch Achtsamkeit kann der leichte Trancezustand erhalten bleiben. Die andere Welt zeigt sich in vielfältigster Weise. Manche Menschen sehen dazu Bilder mit Landschaften, Farben, Wesenheiten. Manchmal wird mit nichtvisuellen Sinnen wahrgenommen – über Töne oder andere Empfindungen. Wichtig ist es, offen zu bleiben und nicht zu werten oder sich unter Druck zu setzen, was jetzt kommen sollte. Die beste Haltung ist die, neugierig zu sein und interessiert zu bleiben dafür, was sich zeigen wird. Nicht allen Menschen gelingt es, sofort in den Zustand des schamanischen Reisens zu gelangen. Manchmal benötigt es wie bei sportlichen Betätigungen diszipliniertes Üben.

Fünftens: Rückkehr aus der nichtalltäglichen Wirklichkeit

Die Trommel (oder ein anderes Instrument) bereitete den Weg hinein in den Trancezustand und hält das Bewusstsein dort durch den monotonen Rhythmus. Über das Instrument wird der Reisepfad auch beendet: Ein Rhythmuswechsel unterbricht das monotone Dahinreisen und kündigt das Reiseende an. Musik-CD´s haben einen Rhythmuswechsel in der Regel integriert. Der Reisende bedankt sich bei der Anderswelt und ihren Wesen und begibt sich bewusst auf den Rückweg, passiert die zu Beginn verwendete Schwelle und kehrt in die Jetzt-Zeit zurück. Hiermit endet auch die Absicht. Manchmal ist die körperliche Entspannung während der Reise so tief, dass sie in einem Schlaf endet. Das soll nicht länger beunruhigen. Zumeist hatte man diese Art von Erholung nötig. Sollte es öfter passieren, hilft eine Veränderung der Liege-/Sitzposition.

Sechstens: Rückkehr in den Alltag

Idealerweise bleibt noch etwas Zeit nach dem Rückholsignal, um die Reiseerlebnisse „verdauen“ zu können und langsam aus der körperlichen Entspannung wieder in die Alltags-Aufmerksamkeit zurückzukehren. Es bietet sich an, die Reise gleich danach in ein Tagebuch zu notieren. Es ist sehr aufschlussreich, die Erfahrungen einige Zeit danach wieder zu lesen und die Hinweise aus der geistigen Welt mit etwas Abstand zu überblicken. Manchmal werden Zusammenhänge zum Thema dann noch klarer und verständlicher.

Allgemeine Hinweise für Bewusstseinsreisen

Die sechs Schritte demonstrieren die Art und Weise, wie schamanische Bewusstseinsreisen prinzipiell für die „westliche Kultur" gut umsetzbar sind. Das Ablaufschema ist immer das gleiche. Grundsätzlich ist es vorteilhaft, sich zu beobachten, welche Tages- oder Nachtzeit die beste Reisezeit ist. Es kann auch mehrmals am Tag gereist werden. Und es kann Zeiten geben, während derer das Reisen schwierig ist – vielleicht weil die Konzentration momentan nicht gut ist oder weil die geistige Welt auch gerade nichts mitteilen will.

Zu Beginn ist es ratsam, wirklich nur eine Frage zu stellen, um die Antworten der geistigen Welt auch zuordnen zu können. Fragen mit Ja/Nein sollten eher nicht formuliert werden. Besser fragt man nach der persönlichen Entwicklungschance, wenn man sich z.B. für ein Ja (oder Nein) zu einem Thema entscheiden würde… Wenn eine Frage nicht genügend beantwortet wurde, kann dazu eine zweite Reise unternommen werden. Oder die Frage wird für eine „Anschluss-Reise" etwas umformuliert.

Da die geistige Welt nicht im Raum- und Zeitverhältnis unserer Alltagswelt steht, sind Fragen nach Zeitpunkten und deren Antworten mit Vorsicht zu betrachten. Auch gebührt der geistigen Welt Respekt und man wundere sich nicht, wenn auf unachtsame, banale Fragen keine Antworten bzw. keine ernsthaften kommen.

Der Leser hat nun das Prinzip kennengelernt, wie eine Bewusstseinsreise idealerweise gestaltet wird. Die erste Absicht lautete: Ich lerne meine nichtalltägliche Wirklichkeit kennen. Um nun persönliche Themen bearbeiten zu können, ist es notwendig, mit dem persönlichen Krafttier (später mit dem spirituellen Lehrer) in Kontakt zu gelangen und mit dieser Kraft dann zu arbeiten.

Reisen mit dem schamanischen Krafttier

Michael Harner stellte in seinen wissenschaftlichen Untersuchungen fest, dass Schamanen weltweit mit ihren Krafttieren in die nichtalltägliche Wirklichkeit reisen. Nach schamanischer Sicht hat jeder Mensch von Geburt an mindestens ein Krafttier als Seelenführer, das ihn ein Leben lang begleitet. Je nach Lebenssituation kann ein Mensch auch mehrere Krafttiere haben. Sie beschützen seine Lebensenergie, führen ihn in das spirituelle Reich, verleihen besondere Eigenschaften und helfen ihm weiter auf dem Weg seiner persönlichen Entwicklung. Ein Krafttier ist vorstellbar als eine Energieform, welche die Kraft nicht nur eines einzelnen Tieres, sondern der ganzen Art repräsentiert. Die Energieform stellt sich einem Menschen zur Verfügung, um ihn in seiner Entfaltung zu unterstützen. Auch wenn mehrere Menschen das gleiche Krafttier haben, ist die Bedeutung für jeden einzelnen Menschen anders und persönlich. Die Bedeutung erschließt sich über eine schamanische Reise, indem das persönliche Krafttier nach seiner Bedeutung für die jeweilige Person gefragt wird. In gewisser Hinsicht ist es ein wohl gesonnener Coach, der hilfreiche Hinweise und Antworten gibt, die außerhalb des Verstandes liegen. Es erweitert Horizonte und führt den Menschen dahin, wo er Kraft und neue Antworten findet und sein Thema aus anderen Blickwinkeln betrachten kann. Die Energie ist eine erdige, nährende. Krafttiere bewegen sich häufig in der unteren Welt des schamanischen Weltbildes, können aber auch die mittlere und obere Welt bereisen. Grundsätzlich kann jedes Tier ein Krafttier sein. Auch Fabelwesen oder mystische Wesen wie Drachen oder Einhörner können als Krafttiere auftreten.

So ist zu empfehlen, nach der ersten Reise mit der Absicht, die nichtalltägliche Wirklichkeit kennenzulernen, eine weitere Reise zum persönlichen Krafttier zu machen. Die Absicht lautet daher: Ich lerne mein persönliches Krafttier kennen. Wie beim normalen Reiseablauf begibt man sich dann über die Schwelle und hält Ausschau nach dem Tier. Manchmal gibt es mehrere Tierbegegnungen. Welches dann wirklich das Krafttier ist, kann auf unterschiedliche Weise festgestellt werden. In der Regel bleibt das Tier, ist neugierig und kommt näher. Auch zeigt sich sehr bald auf der Gefühlsebene eine spürbare Herzensverbindung. Manchmal weisen die Gesten des Tieres eindeutig auf die Zugehörigkeit hin. Oder das Tier zeigt sich in verschiedenen Anteilen. Man sieht beispielsweise zuerst eine Mähne, dann ein Auge, dann einen Schweif und dann das ganze Pferd. Wichtig ist es, auf die Herzensenergie als Bezug zum Tier zu achten.

Der Reisende hat auch das Recht, ein Tier wegzuschicken, wenn er es als Krafttier nicht haben will. Meistens jedoch hat es schon einen Grund, warum gerade diese Tierenergie zu diesem Menschen kommen will. Jedes Tier ist aus schamanischer Sicht gleichwertig – eine Maus ist einem Tiger ebenbürtig. Sollte eine Tierbegegnung gefährlich wirken, dass beispielsweise das Tier die Zähne fletscht, dann handelt es sich eindeutig nicht um das Krafttier. Der Reisende schickt das Tier weg oder umgeht es seinerseits. Oder er kehrt einfach von der Reise zurück und öffnet die Augen. In manchen Lebenslagen oder zu bestimmten Themen tauchen unerwartet auch weitere Tierbegleiter auf, welche nach Bearbeitung der Themen dann wieder verschwinden können.

Wenn sich ein Krafttier gezeigt hat, kann man es gleich in der ersten Reise nach seiner grundsätzlichen Bedeutung für das eigene Leben fragen und auch, welchen Namen es trägt bzw. wie es genannt werden möchte. Die Entdeckung des Krafttieres hat die Qualität einer lebenslangen Freundschaft, die gepflegt werden will. Nicht nur der Mensch sucht das Tier, aus schamanischer Sicht sucht auch das Tier den Menschen. Die Kommunikation zwischen Mensch und Krafttier verläuft sehr oft telepathisch oder durch Gesten. Mit der Zeit kapiert man die Kommunikationsform, die das Krafttier wählt. Manche Tiere sprechen auch. Je nach Wahrnehmungskanal wird der Mensch sein Krafttier auf seine ganz individuelle Weise und mit der Zeit immer besser verstehen.

Wer mit einem Tier eine Beziehung eingegangen ist, ist aufgerufen, diese Energieform zu pflegen. Ohne Pflege verschwindet die Kraft wieder. Es ist sehr unterstützend, die Energie und die Kraft des Tieres körperlich jederzeit zu spüren. Eine gängige, für unsere Breiten sehr ungewöhnliche Form der Kontakt- und Freundschaftspflege ist der Krafttier-Tanz. Mit oder ohne Musik begibt man sich in die

Rolle des Krafttieres und tanzt mit Gesten das Leben des Tieres: Wie es sich fortbewegt, wie es jagt, frisst oder sich artikuliert usw. Die Freundschaft zum Krafttier und dessen Begleitung vertieft sich, je mehr man sich mit dessen Kraft verbindet – und das auch im Alltag. Beispielsweise ist es sinnvoll, sich die biologische Seite des Tieres anzuschauen. Welche Qualitäten hat es, welche Energieform fehlt mir und kommt über das Tier zu mir? Um eine Rückverbindung im Alltag zu gewährleisten, kann das Tier auch in schwierigen Situationen innerlich gerufen werden. Oder ein Aufkleber am Spiegel erinnert an die Tierqualität. Auch kann ein Kraftgegenstand für die Tierkraft gebastelt werden. Man kann das Tier „mitnehmen" auf Spaziergänge und ihm die eigene Welt zeigen. Der Fantasie sind keine Grenzen gesetzt. Besonders hilfreich ist es, das Krafttier während einer Reise nach einer Geste zu fragen, die während des Alltags integriert werden kann und eine Rückbindung an die Krafttier-Energie ermöglicht.

Alle weiteren schamanischen Bewusstseinsreisen finden über das Krafttier oder den spirituellen Lehrer (siehe unten) statt. Die Absicht wird formuliert, die Schwelle überschritten und in der Regel erscheint dann bereits das Krafttier und gibt Informationen.

Reise zum spirituellen Lehrer

Das Krafttier ist – wie bereits beschrieben – eine sehr erdige Energieform, die dem Herzen und dem Gefühl nahe ist. Für Herzens-, Gefühls- oder Beziehungsfragen ist es sinnvoll, das Krafttier zu befragen. Der spirituelle Lehrer als helfender Geist ist eine etwas andere Energieform. Er steht eher für Intellekt, geistiges Wachstum, Wissen und Weisheit. Fragen zu unserer persönlichen Entwicklung, berufliche oder spirituelle Themen sind beim Lehrer gut adressiert. Mit der Zeit findet man auch heraus, welche Fragen von welchem geistigen Helfer beantwortet werden können. Wie beim Krafttier auch ist es sinnvoll, den Lehrer selbst zu fragen, welche Unterstützung und welches Wachstumspotenzial er bietet. Manche Menschen reisen aber auch expliziert nur mit dem Krafttier oder nur mit dem Lehrer. Es gibt keine Regel, lediglich Empfehlungen und jeder muss für sich selbst die ideale Arbeitsweise entwickeln.

Wer zum ersten Mal die Reise zum Lehrer antritt, erlebt häufig eine Überraschung. Die Lehrergestalten erscheinen oft in Menschenform, können Politiker oder geschichtsträchtige Personen sein, Schauspieler oder Comicfiguren. Mein Lehrer zeigt sich immer in Gestalt des Gandalf aus dem Buch „Herr der Ringe“. Je nach Thema und Absicht haben die Lehrer für uns einen Rat oder Hinweis parat. Auch sind sie kritisch oder konfrontieren uns mit Tabuthemen. Ähnlich wie beim Krafttier sind die Kommunikationsformen unterschiedlich. Manches Mal werden Botschaften als innerer Dialog übermittelt, manche Lehrer sprechen deutliche Worte oder teilen sich über Gesten mit.

Grundsätzliches zur Arbeit mit geistigen Helfern

Das Themenspektrum, das über geistige Helfer bearbeitet werden kann, ist vielseitig. Alles, was ich für mein Leben wirklich wissen möchte, wo ich Hilfe oder Klarheit brauche, kann an das Krafttier oder den Lehrer herangetragen werden. Hier sind einige Beispiele, um ein Gefühl für die Absichtsformulierung zu bekommen:

- Fragen zur Selbstfindung: Was ist in der Sache x wichtig für mich? Was bedeutet das Problem als Lernfaktor für mich? Wie geht mein innerer Weg weiter?...
- Fragen zu persönlichen Beziehungen: Was muss ich ändern, dass ich einen Lebenspartner finde? Wie kann ich meinem Partner besser zuhören? Wie kann ich die Beziehung zu meiner Mutter verbessern?...
- Fragen zur Gesundheit: Was brauche ich, um meine Schmerzen zu heilen? Was kann ich vorbeugend tun? Was lerne ich aus der Krankheit?...
- Fragen zum Beruf: Wie kann ich mich besser nach außen darstellen? Wie finde ich mehr Achtung bei meinen Kollegen? Wie komme ich zu einer stressfreieren Arbeitshaltung?...
- Fragen zum Wohnumfeld: Welche Menschen sind gerade wichtig für mich? Wo soll ich hinziehen? Wovor muss ich mich schützen?...

Wirkungen schamanischer Bewusstseinsreisen

Dass schamanische Bewusstseinsreisen den eigenen Horizont erweitern können, wurde bereits ausführlich beschrieben. Außerhalb der gewohnten Verstandesebene und der üblichen Denkmuster werden neue Perspektiven und Lösungsmöglichkeiten von geistigen Helfern vorgeschlagen, die einer – im normalen Alltag häufig nicht erreichbaren – Intuition und Kreativität entstammen. Die Reisen schulen somit die Intuition und aktivieren einen Zugang zu tieferen

Bewusstseinsschichten und fördern die Weiterentwicklung der Persönlichkeit auf vielen Ebenen.

Allein die Tatsache, sich täglich für 15 Minuten eine entspannte Auszeit, unterstützt von rhythmischer Trancemusik, zu gönnen, hat eine wohltuende, ganzheitliche Wirkung auf Körper, Geist und Seele. Während der Reisen kann der Auftrag an das Krafttier oder den spirituellen Lehrer auch lauten, eine Heilung zu initiieren. Der Reisende kann erspüren, wenn das Krafttier tatsächlich am Körper arbeitet und sich kräftigende Heilenergie ausbreitet. Ein erholsamer Reiseauftrag an das Krafttier könnte lauten: Bringe mich zu einem schönen Kraft- und Erholungsort. Mein Krafttier führte mich einmal zu einem wunderschönen Strand in Schweden, den ich von früheren Reisen kannte. Dort blieb ich dann einfach 15 Minuten liegen und ließ die Kraft dieses Ortes in mich einfließen. Die Wirkung war enorm Energie auffüllend. Immer, wenn ich mich müde und erschöpft fühle, reise ich nun dorthin an meinen Kraftquellen-Strand. Schamanische Bewusstseinsreisen regen so auf sanfte Weise die Selbstheilungskräfte an. Die Beziehung zum Krafttier außerhalb der „Reisezeit“ zu pflegen, wird ebenso zu einer Stärkung im Alltag beitragen. Bereits das Bewusstsein, an geistige Hilfe angebunden zu sein, gibt Kraft und Mut.

Reisen mit anderen und für andere Menschen

Bisher wurde das schamanische Reisen im Kontext des Alleinreisens beschrieben. Eine Weiterführung ist es, in Gruppen zu reisen. Generell bewirkt die Gruppenenergie eine höhere Konzentrationsfähigkeit und eine höhere Energieschwingung für die Reise. Die Teilnehmer einer Gruppe können für eigene Themen reisen. Äußerst interessant ist es auch, wenn eine Gruppe zu gemeinsamen Themen „aufbricht“. Eine Hausgemeinschaft könnte beispielsweise zu „Verbesserungsvorschlägen des Zusammenlebens“ eine Reise unternehmen. Womöglich bringt jeder Reisende Ideen für die Gemeinschaft aus der nichtalltäglichen Welt zurück. Ähnlich können Familien oder Paare zusammen reisen. Für Kinder gilt, behutsam anzufangen und zu warten, bis wirkliches Interesse da ist. Dann könnte von den Krafttieren erzählt werden – auch von ihrer Bedeutung im Alltag – und anschließend eine Reise zum Krafttier stattfinden. Je nach Entwicklungsstand und Konzentrationsfähigkeit wissen Eltern selbst am besten, wann und wie sie ihre Kinder sanft zum schamanischen Reisen hinführen. Wenn Eltern regelmäßig reisen, leben sie diese Art der Bewusstseinsunterstützung vor und die Kinder werden irgendwann selbst neugierig auf die Erfahrung sein.

Wenn eine Erlaubnis vorliegt, kann auch für andere Menschen eine schamanische Bewusstseinsreise unternommen werden: Zum Beispiel, wenn jemand mit dem Reiseprozess Schwierigkeiten hat oder gerade aus gesundheitlichen Gründen nicht reisen kann. Dann beauftragt man das eigene Krafttier, zur Thematik der anderen Person Informationen einzuholen oder heilenergetisch tätig zu sein. Ist die Person räumlich anwesend, bietet es sich an, körperlich Kontakt während der Reisezeit zu haben. Entweder legt man sich Seite an Seite, sodass sich Unterarme, Hüften und die Beinseiten berühren oder man hält die Hand der anderen Person. Der Klient braucht nichts zu tun, außer sich zu entspannen.

Unsere geistigen Helfer wollen das Beste für uns. Daher ist es eine Sache des Respekts, ihre Empfehlungen auch wirklich zu überdenken und umzusetzen, wenn man sie geprüft und als für gut befunden hat. Natürlich kann ein Rat auch abgelehnt werden. Der Reisende ist immer der „Chef". Grundsätzlich ist es wichtig, die Beziehung zur geistigen Welt zu pflegen und aufrecht zu halten. Dann wird sich unsere Alltagswelt durch den intuitiven Weg, die Heilkraft und viele Neuperspektiven aus der geistigen Welt weiten und zutiefst bereichern.

Schamanische Bewusstseinsreisen – Reisebeispiele

Vor einigen Jahren beschloss ich, aus der damaligen Wohnung auszuziehen. Ich hätte aus vielschichtigen Gründen nicht auf Dauer dort bleiben können. So wollte ich mir selbstbestimmt eine passende Wohnung suchen und nicht darauf warten, bis ich eines Tages die Aufforderung bekäme, gehen zu müssen. Schon seit langer Zeit war es mein Wunsch, einmal in meinem Leben an den Bergen zu wohnen. Die Bergnähe fühlte sich schon immer nach Heimat an. Innerlich scannte ich meine Lieblingsgebiete ab und legte einen Suchradius fest. Ich hatte viel Zeit und keine Eile, einen neuen Herzenswohnort zu finden. Um mir die Suchrichtung zu erleichtern, unternahm ich eine schamanische Bewusstseinsreise mit der Absicht: Wo wird mein zukünftiger Wohnort sein? Mit meinem Krafttier flog ich Richtung Berge. Von oben erkannte ich einen See: Es war der Kochelsee. Hier endete die Reise. Ein halbes Jahr spä-

ter wurde mir dann eine Wohnung in Kochel am See zu meinen Konditionen angeboten. Meine Reise-Erinnerung war gleich wieder präsent und signalisierte mir, dass das die richtige Wohnung ist. Ich sagte sofort zu. Seitdem wohne ich dort und bin zutiefst zufrieden mit dem Standort und meiner Wohnung.

Es war gerade Frühling. Eine schamanisch arbeitende Frau bot einmal monatlich schamanische Bewusstseinsreisen in Gruppen an. Sie integrierte dabei immer auch die Jahreszeiten und ihre Energie. Die Reise an diesem Abend hatte die Aufbruchskraft des Frühlings als Thema. Schon nach den ersten Trommelklängen erschien mein Krafttier und flog mit einem Kirschzweig über das Meer zu einer Insel. Darauf war ein düsteres Gefängnis zu sehen. Über der Insel ließ es den Zweig fallen und innerhalb kurzer Zeit wuchs ein riesiger Kirschbaum von der Erde in den Himmel. Plötzlich kletterten viele verschiedene Wesenheiten über die Gefängnismauer hinunter, sprangen in das Wasser. Delphine begrüßten sie und schwammen mit ihnen davon und in die Freiheit. Durch die Reiseerfahrung blieb in mir eine energische Aufbruchsenergie zurück, die an mir rüttelte, verkrustete Themen endlich anzupacken und zu befreien.

Noch einige Monate vor meinem ersten Buchprojekt stellte ich die Frage, wie ich in meine Schreibkraft kommen könne. Während ich in die untere Welt zu meinem Krafttier reiste, tauchte plötzlich ein Orka auf. Überall war Ozean. Er schwamm auf mich zu und ich durfte in seinen inneren Raum rutschen. Dort stand eine Schreibmaschine. Alles war also bereits für mich vorbereitet. Dann erhielt ich eine Brille, die ich aufsetzte. Nun sah ich mit den Augen des Orkas nach draußen. Was ich entdeckte, waren verschiedene interessante Schreibthemen, die sich durch meine neue Sicht zeigten und ich bekam große Lust, die Themen anzupacken und zu projektieren.

Für den Titel dieses Buches wollte ich die Vorschläge der geistigen Welt berücksichtigen. So machte ich eine schamanische Bewusstseinsreise zum Thema: Welche Richtung soll der Buchtitel verfolgen? Sofort nach Beginn der Reise nahm mich das Krafttier auf einen Höhenflug in die Lüfte. Ich blickte von oben und in einer neuen Perspektive auf die Welt. Es wirkte wie eine andere Dimension. Das Wort „Dimension" war plötzlich wichtig und ich merkte es mir während der Reise. Wieder gelandet, kam mein zweites Krafttier. Es buddelte im Boden – es war die Bewegung, die mich faszinierte: Das Freilegen und Entdecken von Neuem. Auch diese Erkenntnis vermerkte ich mir innerlich. Die Reise war dann beendet. Aus meinen eigenen Inspirationen und den Ideen der geistigen Welt fand ich dann den Titel: „Alten Weisheits-Methoden auf der Spur – ein Praxisbuch für neue persönliche Dimensionen".

Abschließender Hinweis: Das Kapitel stellt die wichtigsten Aspekte zu schamanischen Bewusstseinsreisen zusammen. Über die Methode sind inzwischen einige Bücher verfasst worden. Wer die Praxis also erproben und tiefer einsteigen möchte, kann verschiedene Wege wählen: Zum Beispiel ein Buch über schamanische Bewusstseinsreisen inklusive Trommel-CD kaufen und durcharbeiten. Oder: Einen

Schnupperkurs besuchen, Kontaktadressen sind im Anhang vermerkt. Oder man hält sich an die angegebene Trancereise-Anleitung und lässt einen Freund dazu im unten beschriebenen Trommelrhythmus trommeln. Jeder ist aufgerufen, in sich hineinzuhören, was der beste Weg des Kennenlernens ist. Und es gelten meine Hinweise, die im Vorwort (siehe Kasten) erwähnt sind.

Visions-Suche – dem Ruf der Seele folgen: Ein Übergangsritual zur Selbstfindung und Sinnsuche in der Wildnis

„Es gibt Zeiten in deinem Leben, da ist es nötig, alles hinter dir zu lassen. Zeit, hinauszugehen und mit Gott alleine zu sein, mit der Natur und ihren Wesen. Und an diesem einsamen Platz ist der Held oder die Heldin, der Suchende oder Pilger allein mit den Wesen der Natur. Und an diesem einsamen Ort geht der Mensch auf Innenschau, erhält wie ein Geschenk Antworten, Klarheit, eine Vision, die er mit zurücknimmt zu seiner Gemeinschaft, auf dass sie weiter bestehen kann und blüht und damit das Leben weitergeht."
Steven Foster (3)

Vier Tage und Nächte völlig alleine fastend in der Wildnis unter freiem Himmel leben – als Schutz nur eine Plane,

Schlafsack, Isomatte und ausreichend Trinkwasser dabei. Vollkommen „ver-rückt“? Aber hier geht es nicht nur um Survival. Visions-Suche ist ein uraltes, in allen traditionellen Kulturen der Welt bekanntes Übergangsritual. Es geht immer um wichtige Übergänge des Lebens: Vom Jugendlichen zum Erwachsenen, Krisen oder Veränderungen in der Lebensmitte, Hineinwachsen in das Altern, Begegnung mit Tod, Krankheit, Trennung oder wichtige Entscheidungen wie Heirat oder Berufswechsel.

Anlässe für eine Visions-Suche

Wer sich auf eine Visions-Suche begibt, folgt meist einem inneren Ruf – als würde die Seele sich leise melden und nachhaken, ob nicht eine neue Weichenstellung im Leben gut täte. So kommen die Menschen, um in Fragen nach der eigenen Identität oder der Sinnsuche für das Leben klarer zu werden. Sie suchen Unterstützung bei Wandlungs- und Veränderungsprozessen und um neue Entwicklungsschritte einzuleiten:

- Wo stehe ich gerade in meinem Leben?
- Was ist mein nächstes Ziel – was will ich hinter mir lassen?
- Wer bin ich wirklich?
- Wie finde ich einen Weg aus der Krise?
- Wie finde ich meinen „richtigen“ Platz in meinem Leben?
- Was gibt mir Kraft und Rückhalt in meinem Leben?
- Welche Vision kann ich für meine Zukunft entwickeln?
- Wie löse ich mich aus alten, hemmenden Bindungen und Mustern?

- Wie kann ich meine Talente und mein Potenzial entwickeln?
- Sinnfindung – was ist wirklich wichtig in meinem Leben?
- Wie finde ich zu einer tiefen Rückverbindung mit der Natur?

Oder es geht darum, eine berufliche Veränderung einzuleiten, die Ablösung von den Eltern zu vollziehen, sich mit dem Selbstbild als Mann / Frau auseinanderzusetzen, sich mit dem Thema Tod und Sterben zu beschäftigen. Die Beweggründe sind so einzigartig wie der Mensch selbst und berühren meist Kernfragen menschlichen Daseins.

Visions-Suche ist so gesehen eine Reise in die eigene innere Wildnis, verbunden mit Selbst-Erkenntnis und tiefen Wandlungsimpulsen. Lehrmeisterin und Therapeutin ist dabei die Natur selbst. Eingebettet in diese Weisheit der Natur, uralter Tradition, der Gemeinschaft einer Gruppe, und einer fürsorglichen Begleitung durch Älteste bietet das Visions-Suche-Ritual die Möglichkeit für kraftvolle Veränderung im Leben: Altes bleibt zurück, neues wird geboren und der Raum dafür geöffnet. Wer sich für den Weg der Visions-Suche entscheidet, entscheidet sich somit für eine ganzheitliche Erfahrung, die rückverbindet mit der ureigensten Natur, den Träumen und Seelenweisheiten. Und diese auf tiefer Ebene verankerten Visionen bringen noch lange danach vieles in Bewegung. Das zumindest ist meine eigene Erfahrung mit Visions-Suche…

Visions-Suche in der Praxis …

Es ist Ende August und sehr kalt. Ich sitze in der Mitte eines selbstgebauten Steinkreises. Mein Atemdampf steigt in den glitzernden Sternenhimmel. Der Platz auf der Almwiese ist zwei Quadratmeter groß. Hier, auf 1300 Metern, werde ich die Nacht im Schlafsack eingepackt verbringen. Denn die Wachnacht hat begonnen, das letzte große Ritual der viertägigen Fastenzeit der Visionssuche.

Mit mir sitzen weitere elf Visionssuche-Teilnehmer draußen in der Bergwildnis, jeder auf seinem Platz. Seit vier Tagen haben nur die Nachbarpaare indirekt Kontakt. Ein Partner legt morgens einen Stein auf eine vereinbarte Stelle, abends räumt der andere den Stein wieder zur Seite. So funktioniert das Sicherheitssystem. Stimmt die Reihenfolge nicht, wird das Leitungsteam im Basislager alarmiert. Drei Auflagen erhielten wir Teilnehmer für die Auszeit: „Ihr müsst bei Dunkelheit im Schlafsack sein, ihr dürft nicht klettern und Feuer machen“, forderten die Visions-Suche-Guides.

Bis Sonnenaufgang habe ich nun viel Zeit. In dieser Nacht wird das „alte Leben“ symbolisch abgeschlossen. Die vergangenen Wochen und Tage habe ich mich intensiv damit beschäftigt. Zum dritten Mal läuft eine Beziehung schief. Ich suche nach neuen Ansätzen und will alte hinderliche Muster bearbeiten. Weil ich ein Naturfreak bin, entscheide ich mich für die Visions-Suche und buche den letzten freien Platz für das elftägige Ritual.

In den ersten Tagen des Seminars sitzen wir Visions-Suchenden morgens mit unseren beiden Leitern im Kreis um ein Feuer. Einer nach dem anderen erzählt seine Geschichte. Jede Erzählung wird von den Leitern gespiegelt:

Sie wiederholen wohlwollend in eigenen Worten, was sie von uns Teilnehmern gehört haben. Danach wandern wir täglich mit verschiedenen Aufgaben in die Bergwälder. „Suche Dir eine Wunde in der Natur, bleibe davor eine halbe Stunde sitzen. Was ist Deine größte Wunde?" lautet eine Anweisung. Mich zieht eine verkrüppelte Wurzel an und unerwartet tauchen alte schmerzhafte Erfahrungen auf. „Sinn des Rituals" - so schreiben Sylvia Koch-Weser und Geseko v. Lüpke in ihrem Buch „Vision Quest" – „ist die grundsätzliche Anerkennung des aktuellen Lebenszustands, die Übernahme von Verantwortung für sich selber und die Identifikation mit der eigenen Geschichte, den eigenen Zweifeln und offenen Fragen. Diese Anerkennung und Identifikation ermöglicht es, einen neuen Schritt im Leben zu tun und persönlich zu wachsen". (6) Die Spiegelungen des Visionssuche-Teams und die Naturaufenthalte helfen, die größte Wunde wahrzunehmen als Voraussetzung dafür, sie als Kraftquelle zu erschließen.

Bevor die Visions-Suchenden vier Tage und Nächte hinausgehen, formulieren sie ihren persönlichen Bestätigungssatz. Das zu bearbeitende Lebensthema wird auf die Essenz eines Satzes komprimiert. „Schließlich müsst ihr wissen, warum ihr unter diesen Umständen draußen seid", motiviert die Leiterin. Ich finde ebenfalls meinen Schlüsselsatz und bin bereit, am nächsten Morgen aufzubrechen. Die Themen meiner Mitquester sind so unterschiedlich wie die Menschen selbst: Es geht um berufliche Veränderung, Krankheit, Midlife-Krisen oder anderes. Immer aber sind es Übergänge, die anstehen. Altes muss bewusst werden und gehen, damit neues gedeihen kann.

Auch ich befinde mich mitten in der Veränderung. Die vergangenen vier Tage in der Wildnis lebte ich wie im Paradies, badete im Wildwasser, sonnte mich auf Granitfelsen. Ich fühlte mich behütet und eingebunden in eine größere spirituelle Dimension. Im Verlauf dieser Tage zeigte mir die Natur, dass es in meinem Leben um das tiefere Thema Würde und Vertrauen geht. Und dass ich die Kraft habe, daran zu arbeiten. Denn wer vier Tage und Nächte dort draußen verbringt, spürt die eigene Stärke.

In den dunklen Stunden der Wachnacht lasse ich nochmals mein Leben an mir gedanklich vorbeiziehen und lege dabei den Maßstab der Würde an. Es tut gut, sich dessen bewusst zu werden. Minute für Minute wird es heller. Mit dem Licht rufe ich die neue Seite der Würde in mein Leben und lasse das alte Thema mit der Nacht symbolisch verschwinden. Der Morgen ist jetzt da. Die Sonnenstrahlen leuchten auf den Steinkreis. Mit klammen Fingern packe ich meinen Rucksack. Zittrig und geschwächt steige ich den kleinen Weg in das Basislager hinunter. Beim Abstieg frage ich mich, was mir diese Erfahrung nun für meine Beziehung bringen mag. Auf alle Fälle habe ich nun einen deutlichen Unterschied an Lebensgefühl erlebt und gespeichert. Damit habe ich eine Wahl und einen Gradmesser für zukünftige Situationen.

Nach und nach kommen alle Teilnehmer zurück, umarmen sich, Tränen fließen. Es ist schön, wieder in Gemeinschaft zu sein. Die nächsten Tage werden wir unsere Visionserlebnisse erzählen und teilen. Ein Jahr lang dauert der Seelen-Prozess. Dann wird er durch ein weiteres kurzes Wild-

nis-Ritual, das man auch zuhause alleine durchführen kann, beendet. So beginnt die eigentliche Arbeit erst nach der Fastenzeit: Die Erkenntnisse in das Alltagsleben und meine Beziehung zu integrieren. Die Visions-Suche wirkt dabei wie ein Katalysator für ein neues inneres Orientierungssystem. Sie dient als Kraftquelle für Veränderung, dass Altes, Überflüssiges sterben darf, um neuen Entwicklungsraum zu ermöglichen. So zumindest wird es von unseren erfahrenen Guides angekündigt. Und Tausende vor uns haben wohl diesen Weg gewählt, weil er die Menschen bewegt und vorwärts bringt.

Was genau ist eine Visions-Suche?

Unter Visions-Suche, wie sie für zvilisationsorientierte Menschen in gesunder Weise stattfinden kann, wird in der Tradition der School of Lost Borders (siehe später) folgendes angeboten: Man ist in der Regel vier Tage und Nächte alleine in der Wildnis, fastend und ohne Schutz eines Gebäudes. Dabei geht man so geschützt wie nötig hinaus – das schließt eine minimale Grundausrüstung ein, die bei jedem Wetter der Gesundheit und der Sicherheit dient. Dazu gehören meist – je nach Örtlichkeit - eine Schlafunterlage, ein Schlafsack, eine Plane, warme Bekleidung und ausreichend Trinkwasser für die gesamte Zeit. Die Visions-Suche beinhaltet drei Tabus: Verzicht auf Nahrung, auf ein „Dach über dem Kopf" (außer einer Zeltplane) und auf Kontakt zu anderen Menschen. Ziel der Tabus ist es, dass Ablenkung vom Eigentlichen nicht mehr möglich ist. Es geht um das Wesentliche. Der Visions-Suchende verbringt die Zeit da draußen in der Wildnis mit einer zentralen Lebensfrage, der er sich stellen will und die in den Vorbereitungstagen genau erarbeitet wird. Wer auf Essen verzichtet, lebt in der Leere – in welcher sich erstaunliche Dinge zeigen können. Wer alleine ist, findet vielleicht den Kontakt zu sich selbst, zu Erinnerungen und vor allem zu den Wesen der Natur, die immer da sind. Eine Visions-Suche ist ein Übergangsritual: Altes muss losgelassen werden und sterben, damit ein neuer Lebensabschnitt oder eine neue Qualität wachsen kann. Der Rahmen der Visions-Suche ist dabei klar strukturiert und rituell aufgebaut. Survivalthemen und Sicherheitsfragen werden vorab besprochen und ein Sicherheitssystem schützt die Personen in der Wildnisauszeit. Nach der Rückkehr werden die Erfahrungen in der Gruppe aufgearbeitet. Der gesamte Visions-Suche-Prozess dauert ein Jahr, um das Neue in den Alltag zu integrieren.

Bedeutung von Übergangsritualen

Der Mensch lebte über Jahrtausende in enger Verbundenheit mit den natürlichen Prozessen und verstand sich als Anteil der Natur. Auch seinen Lebensweg mit Kindheit, Jugend, Erwachsensein und Alter ordnete er ein in einen natürlichen Zyklus. Der Kreislauf der Jahreszeiten der ihn umgebenden Natur demonstrierte ihm das zyklische Dasein. Zu allen Zeiten der menschlichen Entwicklung wurden in vielen Kulturen Rituale in ähnlicher Form praktiziert, um Übergänge von einer Lebensphase in die andere zu unterstützen oder Krisen zu bewältigen. So sollte das Fortbestehen der Gemeinschaft gesichert werden, getragen durch Menschen, die um ihren „richtigen" Platz im Stamm, ihre Talente und Aufgaben wussten. Auch wenn sich die Lebensbedingungen in unserer modernen Welt verändert haben, Übergänge und Krisen der Menschen sind nach wie vor existent: Der Übergang des Jugendlichen zum Erwachsenen, der Eintritt in ein Berufs- (oder Berufungs)leben, in die Elternrolle, der Übertritt von der Lebensmitte in eine neue Phase oder der Übergang in die Rente und das Ältesten-Dasein, der Prozess des Sterbens und schließlich der Tod. Bei allen Themen geht es um Wandlung: In den biologischen Lebensübergängen des Menschen ebenso wie in grundlegenden sozialen Lebens- und Status-Veränderungen wie zum Beispiel Heirat, Trennung, Kündigung usw. Manchmal liegt der Focus auch darauf, eine Lebensphase oder Veränderung zu bestätigen.

Die Übergänge brauchen im Idealfall Begleitung und einen bewusst gestalteten Rahmen, um alte Lebensbezüge zu verlassen und die neuen Herausforderungen anzuerkennen.

Ein Rückzug aus dem Alltag durch ein besonderes Reflexions-Setting wie der Rückzug in die Wildnis hilft, Klarheit für den nächsten Schritt zu bekommen und die Schwelle mit neuen Erkenntnissen, Ausrichtungen und Zielen zu überschreiten. In traditionellen Kulturen war es die Aufgabe der Ältesten, Menschen dabei zu begleiten.

In unserer rationalen Welt sind die kultivierten traditionellen Angebote für Übergänge wenige und meist nicht intensiv ganzheitlich gestaltet. Es fehlt an Mentoren, die sich der Aufgabe bewusst annehmen. Beispielsweise feiern Jugendliche ihren 18. Geburtstag, erhalten ein Schulzeugnis und machen den Führerschein – das sind die gängigen gesellschaftlichen Rituale, die das „Erwachsensein" bestätigen. Wenn Übergänge nicht gelingen, bleiben Menschen manchmal darin stecken. Der ewig rebellierende oder überangepasste Erwachsene als Beispiel hat die Abnabelung zu den Eltern und die damit verbundenen Themen vielleicht nicht vollzogen. In Übergangsritualen können verpasste Übergänge nachgeholt und Schattenthemen der Kinder- und Jugendzeit, die im Hintergrund Energie für ein gesundes Erwachsenendasein binden, angeschaut und befriedet werden.

Übergangsrituale hatten für traditionelle Kulturen vielschichtige Bedeutungen:

- Krisenhafte Schwellen auf dem Lebensweg zu begleiten und dadurch erfolgreich zu beschreiten: Symbolisch starb der Mensch in der alten Rolle und wurde in die neue hinein- und wiedergeboren.

- Traditionelle Erfahrungen weiterzugeben (zum Beispiel die Informationen, welche Freiheiten, Rechte und Verantwortlichkeiten ein junger Mann / eine junge Frau in ihrer erwachsenen Rolle in der Gemeinschaft haben).
- Die Kultur zu erhalten.
- Das Verhältnis zur Natur zu pflegen: Die Erkenntnis einer tiefen Rückbindung zu spüren, mit allem in der Wildnis verbunden, von ihr abhängig und selbst „Wildnis“ zu sein.

Auch für unsere moderne Zeit können daraus Rückschlüsse gezogen werden, Übergangsrituale wieder anzubieten - damit der Mensch aus seiner jeweiligen Lebenssituation heraus die nächste Stufe persönlichen Wachsens und Wirkens sinnvoll gestalten kann.

Visions-Suche ist kein Therapie-Ersatz

Dabei ist es ein wichtiger Grundsatz, dass Visions-Suche nicht an eine Ideologie oder an ein religiöses Prinzip gebunden ist. Sie ist auch kein Ersatz für eine Therapie. Wer an einer Visions-Suche teilnimmt, braucht eine gesunde physische und psychische Konstitution. Die Leiter verstehen sich nicht als Therapeuten, sondern als Begleiter oder „Hebammen“, welche den symbolischen Prozess der Wiedergeburt des Visions-Suchenden bezüglich einer neuen Qualität, Lebensphase oder eines Lebensthemas unterstützen und den Rahmen dafür stellen.

Ritualisierter Rahmen einer Visions-Suche

Die Themen sind meist tiefgreifend und ein Einstieg erfordert richtig viel Mut. Ebenso ist Mut gefordert, sich im Außen vier Tage und Nächte der Wildnis auszusetzen. Damit diese beiden herausfordernden Ebenen von den Visions-Suchenden gut bewältigt werden können, ist der Rahmen in ein ritualisiertes Setting eingebettet. Der gesamte Ablauf unterliegt einem klaren Aufbau und akzentuierten Sicherheitsregeln.

Jedes Übergangsritual unterteilt sich generell in drei Phasen. In einer intensiven Vorbereitungszeit klären die Visions-Suchenden die bisherige Lebenssituation. Sie definieren, was sich ändern soll und formulieren am Abend vor der Auszeit einen Absichtssatz, der das zentrale Lebensthema enthält. Während des Hauptteils ziehen sie sich vier Tage allein fastend in die Natur zurück. Der Prozess in der Schwellenwelt ist darauf ausgerichtet, eine alte Lebensphase abzuschließen, um bewusst den nächsten Abschnitt des Lebens zu betreten. Für diese Zeit erhalten die Teilnehmer genaue Sicherheitshinweise zum Survial outdoor. Ein spezielles Sicherheitssystem verbindet sie indirekt mit dem Basislager. Im dritten Teil, der Integrationsphase, reflektieren die Teilnehmer ihre Erfahrungen und bereiten sich auf die Rückkehr in den Alltag vor.

Wie bereits in den vorhergehenden Kapiteln (Medizinwanderung, Medizinradarbeit, Council, schamanische Bewusstseinsreisen) beschrieben, wird die Visions-Suche durch ein klar gesetztes Signal für Beginn und Ende in einen besonderen Erfahrungsraum gestellt. Das große Ritual beginnt am ersten Tag der Vorbereitungszeit und endet mit dem Verabschieden der Teilnehmer in ihren Alltag am letzen Tag. Die klare Struktur und der besondere Rahmen geben einerseits Schutz und Halt und eröffnen gleichzeitig einen neuen Erlebnisraum. Dies gilt für Erfahrungen schon während der Vorbereitungszeit, aber auch in der Aus- und Nachbereitungszeit. Wer in Kontakt mit seinem innersten Wesenskern, mit schmerzhaften Erinnerungen oder neuen persönlichen Haltungen kommen will, braucht einerseits einen sicheren Rahmen, eine verlässliche Grundstruktur. Und andererseits muss für eine innere Weitung, für einen neuen Entwicklungsschritt Raum sein, um Handlungen oder Dinge zu erproben, die bisher unbewusst, sanktioniert oder begrenzt waren. Die klare Absicht des Visions-Suchenden am Abend vor der Auszeit, zentriert den Focus des Wildnisfastens ganz auf sein Thema. Gleichzeitig entsteht ein Freiraum für Handlungen und neue Erfahrungen, die sich spontan in der viertägigen Auszeit ereignen.

Visions-Suche konkret: Der Ablauf

Von der Anmeldung bis zur Anreise:

- Anmeldung zur Visionssuche - Formulieren einer persönlichen Absichtserklärung (Persönliche Beweggründe für die Teilnahme)
- Ggf. Vorbereitungstag bei einigen Anbietern
- Durchführen einer eintägigen Medizinwanderung

Vor Ort:

Vorbereitung und Trennung vom Gewohnten:

- Klärung der persönlichen Absicht und Fragestellung

- Übungen in der Natur
- Gestalten von selbst geschaffenen Zeremonien und Ritualen
- Einweisung in das Fasten
- Informationen zum Sicherheitssystem und technische Hinweise
- Finden des persönlichen Kraftplatzes für die Zeit in der Wildnis

Visions-Suche - Schwellenzeit vier Tage und Nächte:

Vier Tage und Nächte alleine fastend in der Wildnis. Die Leiter halten sich im Basislager auf und sorgen für die Sicherheit und Unterstützung der Gruppe.

Nachbereitung – Wiedereingliederung:

- Rückkehr
- zeremonielle Reinigung und Fastenbrechen
- Erzählen der in der Wildnis erlebten Erfahrungen
- Spiegelung der Geschichten
- Integration der Erfahrung in den Alltag und den Lebensplan
- Abschied

Ein Jahr Prozess-Zeit:

- Ggf. Nachbereitungstag einiger Anbieter
- Empfohlener Austausch der Teilnehmer untereinander
- Weitere Begleitung in Einzel-Coachings durch die Visions-Suche-Leiter - falls nötig
- Selbstgestalteter Ritualabschluss nach einem Jahr

Wurzeln der Visions-Suche – School of Lost Borders

Die moderne Form der Visions-Suche wurde von Steven Foster und Meredith Little basierend auf Traditionen nordamerikanischer Prärieindianer, im Besonderen der Sioux- und Lakota-Stämme, entwickelt. Hyemeyosths Storm, ein indianisch-deutscher Medizinmann, überbrachte den beiden Pionieren indianisches Expertenwissen, das diese wiederum als Basis für die Gestaltung einer sinnvollen und fundierten Visions-Suche im westlichen Verständnismodus nutzten. Der inzwischen verstorbene Steven Foster und seine Lebenspartnerin Meredith Little gründeten in den frühen 70er Jahren die School of Lost Borders in Kalifornien. Einige Anbieter des deutschen Sprachraumes erlernten dort, wie Visions-Suchen geleitet werden und brachten das Angebot vor ca. 25 Jahren nach Europa. Es gibt auch andere Formen von Visions-Suchen, zum Beispiel die des Bärenstammes. In dieser Abhandlung wird ausschließlich das System in der Tradition der School of Lost Borders beschrieben, weil viele Anbieter seit Jahren gute Erfahrungen damit machen.

Wer die Geschichte des einsamen Fastens in der Wildnis verfolgt, wird bemerken, dass es kaum eine Weltreligion gibt, dessen Initiatoren nicht alleine fastend in der Natur Tage und Wochen für heilsame Erkenntnisse verbrachten. Vergleichbare Übergangsrituale wie die Visions-Suche gab es früher aber auch in Europa bei den Germanen, Kelten und den alten Griechen. Die heilige Suche der Ritter nach spiritueller Einsicht war im europäischen Mittelalter mit dem Namen „Quest“ betitelt. Christliche Missionare beobachteten bei indigenen Völkern Amerikas das spirituelle

Wildnisfasten. Sie nannten es „Vision Quest“ und wiesen damit auf Zusammenhänge zur europäischen Tradition der „Quest“ hin. Auch unsere europäischen Märchen, alte Lieder und Sagen beschreiben Heldenreisen im Sinne von Übergangsriten: Der Held muss seine bekannte Welt verlassen und alleine Gefahren und Prüfungen bestehen, um dann kraftvoll und verwandelt eine neue Position in der Gesellschaft einzunehmen. Visionssuche – im Englischen „Vision Quest“, setzt sich aus folgenden lateinischen Begriffen zusammen: videre = sehen, schauen, erkennen / visio = das Gesicht / quaerere = suchen, erkennen. Hier schließt sich der Kreis mit dem indianischen Wort der Lakota: Ihre Visions-Suche heißt „Hanblecheya“ und bedeutet: „Flehen um ein Gesicht.“

Wie aber antwortet nun die Wildnis auf das Flehen der Menschen um eine Vision? Wieso ist diese Auszeit so bereichernd und heilsam? Wie wirkt Wildnis?

Geburtsraum Wildnis

Bereits die Tatsache, vier Tage und Nächte fastend alleine im Reich der Naturwesen zu verbringen, ist ein erinnerungsträchtiger Abschnitt im Leben. Die Zeit wird so schnell nicht in Vergessenheit geraten. Und wer es durchhält, spürt aufgrund der bewiesenen Ausdauer eigene Stärke und Kraft.

Bemerkenswert ist die Tatsache, dass die Quester in der Fastenzeit Geschichten erleben, die zu ihrer eigenen Lebenssituation und ihrer formulierten Absicht für die Auszeit in Resonanz gehen. Es wirkt aus rationaler Sicht unglaublich. Wer aber von einem schamanischen Weltbild ausgeht, dass alles mit allem verbunden und alles „dort draußen“ beseelt ist, der kann über die Geschichten einfach staunen und ihre Magie bewundern. „Therapeutin Natur“ antwortet in ihrer Weise. Es ist, als würde die Landschaft der eigenen Seele durch die Landschaft der Natur mit den Pflanzen-, Tier- und Mineralienwesen gespiegelt. Der rituelle Raum der Medizinwanderung und der Visions-Suche öffnet den Menschen in der Wildnis ein anderes Zeit-/Raumfenster und es entsteht ein Feld, das außerhalb der Ratio und des Normalbewusstseins Erkenntnisse, Erinnerungen und Zusammenhänge liefert. Die Biologen sprechen von morphogenetischen Feldern, die die Welt vernetzen. Auch wenn diese Phänomene bisher nicht in wissenschaftlicher Beweisführung gültig sind, so weisen sie eine Jahrtausende alte Tradition auf, welche indigene Völker und Medizinleute weltweit bis heute immer noch anwenden. Was da tief im Inneren eines Menschen andockt, ist eine ganzheitliche Erfahrung.

Nicht immer ist sie „heilig“ und romantisch. Da kann unter Umständen eine Rotte Wildschweine das Lager eines Visions-Suchenden beschnüffeln und er muss seinen Platz mit ganzer Kraft verteidigen. Und gerade dadurch erfährt der bisher unter seiner Überanpassung leidende Mensch, was es bedeutet, Grenzen zu setzen und auf den eigenen Raum zu pochen. Oder es taucht durch die Anwesenheit eines besonderen Baumes am Visions-Suche-Platz die Erinnerung an einen längst vergessenen Liebhaber auf, der aber immer noch eine innere Sehnsucht und Ausrichtung für den Visions-Suchenden darstellt. Erst die Bewusstwerden dessen führt dazu, sich davon endlich zu verabschieden, damit eine neue Beziehung Raum bekommt. Wenn sich jeden Abend einem Mann, der sich mit seinem Selbstbild als Mann auseinandersetzt, ein stattlicher Hirsch zeigt und aus voller Kraft röhrt, wird die Begegnung wahrscheinlich eine Wirkung haben. Oftmals entsteht das unaussprechliche Gefühl, als wäre man da draußen von schöpferischer Intelligenz umgeben. Alles, was während der vier Tage und Nächte in der Schwellenzeit passiert, informiert den Menschen zu seinem Thema und seinem vorab formulierten Absichtssatz. Und es wirkt gleichzeitig auf ihn. Wenn wir uns in der Natur aufhalten, sind unsere Sinne im Einsatz, nicht nur der Verstand. Viele tausende von Jahren bewegte sich der Mensch so in der Natur. Unsere Gene und unsere Sinne verstehen die Sprache noch. Und die Seele scheint über die Angebote von „Therapeutin Natur" ebenso erreichbar. Der „Geburtsraum" Wildnis öffnet eine neue Sicht und Schicht auf das Lebensthema, manchmal mit harten elementaren Methoden, Wetterunbill oder Ameisenattacken, manchmal mit überraschenden Tierbegegnungen oder der faszinierenden Schönheit des Sternenblinkens oder farbiger Blumenblüten. Wer in diesem Verständnismodus bleibt, wird beschenkt zurück kommen.

Was die Natur an Seelenlandschaft spiegelt, wird dem Visions-Suchenden nach der Auszeit noch weiter erschlossen: Die Teilnehmer sitzen im Council und erzählen ihre Geschichte von der Auszeit. Die Leiter der Visions-Suche spiegeln das zurück, was sie an der Erzählung besonders berührte. Sie benennen Situationen, durch die sich mit Blick auf die Vorbereitungszeit und dem bekannten zentralen Lebensthema besonders kraftvolle Momente, Wandlungsimpulse und neue Lösungsmuster zeigten. Das Spiegeln ist keine Interpretation, sondern eine Weiterführung der Impulse, die „Therapeutin Natur" bereits aufleuchten ließ. Erfahrungsgemäß wirkt die Geschichte von ihrer Tiefe wie ein Eisberg. In der ersten Erzählrunde wird ein Teil davon aufschließbar und erkennbar. Viele weiteren Details der Auszeit werden häufig erst später verstanden. Das Erlebte der Outdoorzeit ist daher wie eine Schatzkiste, die sich immer noch weiter öffnet.

Ideal-Visions-Suche und Abwandlungen

Was ist nun aber, wenn Visions-Suchende zwar anfangs guten Willens sind, während des Prozesses outdoor aber Zweifel, Einbrüche erleben und einen Abbruch erwägen? Der beschriebene Ablauf einer Visions-Suche als Idealform kann auch einmal anders verlaufen. Sie ist ein Gradmesser, aber kein starres Konzept. Es kann für einen Quester gerade gut sein, sich auch einmal schwach zu zeigen, wenn er in seinem Leben bisher seine Grenzen ständig überschritt. Das Basislager ist von den Visions-Suche-Leitern rund um die Uhr besetzt und wenn ein Mensch zurück kommt, wird zuerst im Gespräch geprüft, ob es nur der „innere Schweinehund" ist, der abbrechen will, oder ob ein wirklich wichtiges Thema nun eine Innenschau und Neuausrichtung verlangt. Oder ob sich eine Gefährdung entwickeln könnte, wenn der Quester weiterhin draußen bliebe. Manche Visions-Suchende haben ihre Visions-Zeit nach einem Gespräch nicht abgebrochen, aber ihren Lagerplatz verändert und die restliche Auszeit in der Nähe des Basislagers verbracht. Manches Mal ist es auch notwendig, kürzere Fastenzeiten zu gestalten, vielleicht aufgrund des jungen oder hohen Alters oder einer gesundheitlichen Beeinträchtigung, die der Visions-Suchende mitbringt. Die Entscheidung der Gestaltung liegt daher immer im Einzelfall, auch wenn die Regel und die meisten der Menschen die Ideal-Visions-Suche machen.

Initiation von Jugendlichen

Als Initiation wird jenes Übergangsritual bezeichnet, das hineinführen soll in das Erwachsenwerden. Indigene Völker wollten, dass ihre Jugendlichen zu tauglichen Erwachsenen heranreiften, der Nachwuchs seine Talente und Fähigkeiten erkannte und sich der Verantwortung für sich und die Gemeinschaft bewusst wurde. Das Überleben des Stammes hing davon ab. Die Ältesten damals wussten darum und auch um die Tatsache, dass der Mensch sich entwickeln und dass er wachsen wollte. Initiationsriten waren initiierte Krisen. Der Jugendliche wurde unter Begleitung und Beratung von Ältesten auf eine Reifeprüfung in die Wildnis geschickt. Die Kindheit sollte beendet und der Schritt in das Erwachsenenleben getan werden. Dazu gehörte vieles: Zum Beispiel, sich den Ängsten des Alleinseins und der Dunkelheit zu stellen und damit fertig zu werden, oder eigene Kräfte und Ressourcen kennen zu lernen und die Stimme der eigenen inneren und der äußeren Natur als Orientierung zu hören.

Auch in unserer Zeit wächst langsam das Bewusstsein, wie wichtig es ist, Initiationen als Reifungsprozess für Jugendliche anzubieten. Es gibt verschiedene Settings. Auf Jugendvisions-Suchen durchlaufen Jugendliche in der Regel eine dreitägige Fastenzeit. Kleinere Formate wie der

Walk Away fordern die jungen Menschen auf, nach einer Vorbereitungszeit für 24 Stunden hinaus in die Wildnis zu gehen. Walk Away wird oft als Schulabschluss-Ritual angeboten. Wenn auch nicht so intensiv wie eine Visions-Suche geht es trotzdem um wichtige Themen: Sich ein Stück mehr von den Eltern abzulösen und den eigenen Weg zu finden.

Manche Visions-Suche-Leiter bieten integrative Visions-Suchen für Jugendliche und Erwachsene an. Auch das kann für eine Gruppe bereichernd sein: Die ungestüme, unerschrockene Energie der Jugendlichen zu spüren und gleichzeitig die Lebenserfahrung älterer Teilnehmer präsent zu haben. Meist findet sich auch ein erwachsener Mentor aus der Gruppe für den jugendlichen Initianden.

Auswirkungen des Konzeptes „Heilung in der Wildnis"
Dieses Kapitel war der Kraft und heilenden Wirkung des Alleinseins in ungezähmter Natur im Rahmen einer Visions-Suche gewidmet. Es sollte einerseits informativ, aber auch ermutigend sein. Mit Worten zu beschreiben, was eine ganzheitliche Outdoorerfahrung ist, ist immer ein unvollständiges Unterfangen. Und trotzdem: Vielleicht rührt sich im Innersten des Lesers eine Stimme, die ihm zuflüstert, sich auch einmal für vier Tage und Nächte allein fastend hinaus in die Natur zu begeben - natürlich unter professioneller Begleitung, wie bereits mehrfach erwähnt. Adressen von Visions-Suche-Anbietern finden sich im Anhang. Sich Ängsten und Herausforderungen zu stellen und der Intuition zu folgen, immer mehr das zu werden, wofür jeder einzelne geboren ist – das könnte sich lohnen.

Folgende Erfahrungen warten in der Regel auf jene, die sich auf den Weg machen:

- Persönliches Wachstum in einem wichtigen Lebensthema
- Neue Ausrichtung und Sinnfindung im Leben
- Rückbindung an die natürliche Welt
- Wirkungen auf die Gemeinschaft – als Gruppenerfahrung während des Visions-Suche-Abschnittes (Vor- und Nachbereitung) und auch später im persönlichen Umfeld
- Erfahren einer spirituellen Dimension
- …

Ich hoffe, in diesem Kontext wurde deutlich, dass Visions-Suche nicht ein abgehobenes, exzentrisch esoterisches Ritual ist, sondern eine modern gestaltete Weiterführung eines der ältesten und heilsam wirkenden Übergangsrituale unserer Vorfahren.

Und wie wirkte sich meine eigene Visions-Suche langfristig aus? Meine Beziehung, die sich damals in Schieflage befand, heilte. Vor allem deshalb, weil ich selbst einen neuen Blickwinkel einnehmen konnte und das Thema „Würde für mich selbst" bewusst betrachtete und trainierte. Das hatte natürlich Auswirkungen, auch in anderen Lebensbereichen. Da meine Fastenzeit für mich persönlich unglaublich kraftspendend war und ich durch Rückerinnerungen daran immer wieder andocken kann, habe ich mich - wie eingangs erzählt - wieder auf den Weg gemacht und die Ausbildung zur Visions-Suche-Leiterin absolviert. Nun begleite ich selbst Menschen auf ihren Visions-Suchen. Auch lehre ich die kleineren, für mich sehr wertvollen Formate der in diesem Buch beschriebenen alten Weisheits-Methoden. Es ist mir ein Herzenswunsch, dass viele Menschen von den alten und gleichzeitig „westlich neu transformierten“ Weisheits-Wegen erfahren und sie für ihre persönliche Weiterentwicklung nutzen können: Zum Wohle - wie es schamanischen Leute ausdrücken würden - für sich selbst, für die Gemeinschaft und das große Ganze.

Von Herzen

Manuela Unger

Manuela Unger

Kurzbiografie

Geboren am 07.04.1964 in Unterhaching bei München, Ausbildung als Krankenschwester, Allgemeine Hochschulreife über Berufsoberschule, Studium der Sozialen Arbeit, 1998 Abschluss Dipl. -Sozialpädagogin, seither Teilzeitbeschäftigung in der Sozialen Arbeit.

Seit 1997 freiberufliche journalistische Tätigkeit für verschiedene Zeitungen, 2009 - 2010 Fernstudium Journalismus an der Freien Journalistenschule Berlin, seit 2014 Autorin.

Seit 1999 freiberufliche Seminare als Kletter-Trainerin, alpine Erlebnispädagogin, seit 2012 als Visions-Suche-Leiterin, seit 2015 systemische Einzel-, Paar- und Familientherapeutin.

Professionelles Textmanagement - Journalistische Arbeiten
http://www.journalistisch-texten-welten-innovieren.de

Systemische Beratung / Wildnis-Rituale
http://www.in-to-the-wild.de

Buchveröffentlichungen

„Wenn der Tod anklopft. Ein ungewöhnliches Lesebuch für Lebende“
Rediroma-Verlag, 2014, Kurzgeschichten

„Alten Weisheits-Methoden auf der Spur. Ein Praxisbuch für neue persönliche Dimensionen"
united-pc Verlag, 2014, Sachbuch, Neuauflage Rediroma-Verlag 2021

„Die wundersame Geschichte der Lichtesserin“
Rediroma-Verlag, 2014, Erzählung - frei nach einer wahren Begebenheit

„Das Geheimnis des Abgrunds. Eine Abenteuer-Erzählung aus dem Himalaya“
Rediroma-Verlag, 2015, Erzählung – Fiction

Danksagung

Danken möchte ich meinen Eltern, die in mir den Keim legten, die natürliche Umwelt und die Berge als meine Heimat und Lebensgrundlage wertzuschätzen. Danken möchte ich vor allem meinem Lehrer, Hyemeyosths Storm und seiner Lebenspartnerin Weißer Schwan, die mich ermutigten, zu schreiben. Ich danke besonders Sylvia Koch-Weser, deren Ausbildungen mich sensibilisierten für die alten weisen Methoden und ihre moderne Übersetzung in unsere Zeit. Auch Stefan Wolff danke ich, der mich in die Leitung von Visions-Suchen einführte. Mein Dank gilt Claudia Felkau, die mich immer wieder ermunterte, meinen schamanischen Wurzeln zu folgen. Und ich danke von Herzen meinem Lebenspartner Bastian Wagner, der geduldig meine zeitliche Abwesenheit durch die Bucherstellung mit trug und auf gemeinsame Kletter- und Freizeittage mit mir verzichtete. Und natürlich allen Wesen dieses Universums, die durch ihre Weisheit das Buch initiierten.

Quellenverzeichnis

(1) Arden, Harvey / Wall, Steve: Hüter der Erde. Begegnungen mit Indianern Nordamerikas, Frederking und Thaler, München 1994, S. 63

(2) Sun Bear / Wabun Wind: Das Medizinrad. Eine Astrologie der Erde, München 1992, S. 17

(3) Koch-Weser, Sylvia / v. Lüpke, Geseko: Vision Quest. Visionssuche: allein in der Wildnis auf dem Weg zu sich selbst. Ariston, Kreuzlingen / München 2000, S. 130

(4) Storm, Hyemeyohsts.: Sieben Pfeile, Indianische Initiation in unserer Zeit, München 1997, S. 77

(5) Sun Bear & Wabun: Das Medizinrad (s.o.), S. 19

(6) Koch-Weser, Sylvia / v. Lüpke, Geseko: Vision Quest. Visionssuche: allein in der Wildnis auf dem Weg zu sich selbst. Ariston, Kreuzlingen / München 2000, S. 20

Literatur und Adressen

Medizinwanderung / Medizinrad / Visions-Suche

- Foster, Steven / Little, Meredith: Die vier Schilde. Initiationen durch die Jahreszeiten der menschlichen Natur. Arun, Engerda 2000
- Foster, Steven / Little, Meredith: Visionssuche. Das Raunen des Heiligen Flusses. Sinnsuche und Selbstfindung in der Wildnis. Arun, Uhlstädt-Kirchhasel 2006
- Koch-Weser, Sylvia / v. Lüpke, Geseko: Vision Quest. Visionssuche: allein in der Wildnis auf dem Weg zu sich selbst. Ariston, Kreuzlingen / München 2000
- Maier, Peter: Initiation. Erwachsenwerden in einer unreifen Gesellschaft. Band I Übergangsrituale. Edition Octopus, Münster 2011
- Redl, Franz P.: Übergangsrituale. Visionssuche, Jahresfeste, Arbeit mit dem Medizinrad
- Weber, Andreas: Alles fühlt. Mensch, Natur und die Revolution der Lebenswissenschaften. Berlin Verlag, Berlin 2007
- Wolff, Stefan: Wie Phönix aus der Asche. Kraft-Rituale für Männer. Kösel, München 2011

Adressen:

- Anbieter und Angebote zu naturtherapeutischen Ausbildungen, Visions-Suche, Medizinwanderung, Medizinrad im europäischen Raum: www.visionssuche.net
- School of Lost Borders – Angebote zu naturtherapeutischen Ausbildungen, Visions-Suchen und Council-Trainings in den USA: www.schooloflostborders.org

Council

- Zimmermann, Jack & Coyle Virginia: Der große Rat. Das Council – mit dem Herzen hören und sprechen, den Kreis erweitern. Arbor, Freiburg 2010
- Adressen:
- Ojai Foundation Website, Council, Trainings: www.ojaifoundation.org
- Council-Trainings in Europa: www.council-network.eu

Schamanische Bewusstseinsreisen

- Griebert-Schröder, Vera: Schamanische Bewusstseinsreisen. Innere Wege finden zu Heilung, Kraft und Intuition. Südwest, München 2007
- Gschwandler, O. Georg: Schamanische Wege zur Mitte. Das Praxisbuch des Schamanischen Reisens. Veth, Böhl-Iggelheim 2006
- Harner, Michael: Der Weg des Schamanen. Ariston, Kreuzlingen/München 2007
- Ingermann, Sandra: Die schamanische Reise. Ein spiritueller Weg zu sich selbst. Ariston, Pößneck 2009
- Ingermann, Sandra: Welcome Home. Die Heimkehr der Seele. Ariston, Kreuzlingen 1999

- Ingermann, Sandra: Der schamanische Weg in die Tiefe der Seele, Goldmann, München 2010
- Lörler Marielu: Hüter des alten Wissens. Schamanisches Heilen im Medizinrad. Schirner, Damstadt 2000
- Ruland, Jeanne: Krafttiere begleiten Dein Leben. Schirner, Darmstadt 2009
- Zumstein, Carlo: Schamanismus. Diederichs, München 2001

Adressen

- Website der Foundation for Shamanic Studies Europe: www.fss.at und www.shamanicstudies.net
- Adressen schamanisch Praktizierender und schamanisch Lehrender: www.shamanicteachers.com

Bildnachweise

Mit Dank an die Fotografen von Pixabay, die kostenlose Downloads
für folgende Bilder ermöglichten: Titelbild, S. 17, S. 61, S. 77, S. 102
Bilder Manuela Unger: S. 22, S. 29, S. 108, S. 124